Wandern und Klettern
rund um den Hochvogel

Prinz-Luitpold-Haus
DAV-Hüttenführer

Kristian Rath · Tobias Burger

Zukunft schützen
DAV
Deutscher Alpenverein
Sektion Allgäu-Immenstadt

INHALTSVERZEICHNIS

1 VORWORT

Liebe Freunde der Berge,

das Prinz-Luitpold-Haus steht jetzt 125 Jahre unter dem Hochvogel. Grund genug für uns, die vielfältigen alpinen Möglichkeiten rund um diese Hütte einmal kompakt darzustellen.

Mit unseren Mitgliedern Kristian Rath und Tobias Burger haben wir zwei profunde Kenner des Gebietes gefunden, die alle der beschriebenen Touren selbst kennen und die um die Schönheit des Gebietes, aber auch um die Gefahren des hochalpinen Geländes wissen. Mit viel Akribie und Sachverstand haben beide diese Touren neu beschrieben und stimmungsvolle sowie aussagekräftige Bilder hinzugefügt. Daneben gibt es immer wieder interessante Exkurse in die alpine Geschichte der umliegenden Berge oder der Hütte.

Erstmals verwenden wir hier für die Bergtouren – oft an der Grenze zur Kletterei – die 6-teilige Schweizer Wanderskala und bei den Kletterrouten zusätzlich die E-Bewertung zur Beschreibung der Ernsthaftigkeit der Touren. Wir glauben, so den typisch Allgäuer Bergen mit ihren oft steilen, teils mit Fels durchsetzten Grasflanken und dem öfters auch brüchigen Gestein am besten gerecht zu werden. Anfänger und Ortsunkundige tun gut daran, dieses Gelände nicht zu unterschätzen. Wie bei fast allen anspruchsvollen Touren im Allgäu lässt man bei Nässe ohnehin besser die Finger weg.

Wir wünschen allen Benutzern und Gästen des Prinz-Luitpold-Hauses viele schöne Stunden in der näheren und weiteren Umgebung der Hütte und viel Spaß bei der Lektüre dieses Büchleins.

Sonthofen im Sommer 2006
Geert-Dieter Gerrens (1. Vorsitzender)

VORWORT 1

Prinz-Luitpold-Haus und Fuchskar Südgipfel

1 ALLGEMEINES

1.1 Die Hütte

Auf einem Felsriegel, hoch über dem Bärgündletal, steht in 1846 m Höhe seit 125 Jahren das Prinz-Luitpold-Haus. Ursprünglich sollte die Hütte Hochvogelhaus heißen. Doch schon zur Einweihung im Jahre 1881 wurde die Mitteilung mit großer Freude vernommen, dass „das Haus, für dessen Bau seine königliche Hoheit Prinzregent Luitpold von Bayern den Grund zur Verfügung gestellt hat, fortan seinen Namen tragen dürfe".
Seit dieser Zeit wurde die Hütte mehrfach erweitert. Dank der landschaftlichen Schönheit der Umgebung, dem großzügigen Netz an alpinen Wanderwegen und den vielfältigen Klettermöglichkeiten avancierte das Haus bald zum wichtigsten alpinen Stückpunkt der Allgäuer Alpen. Heute verfügt die Hütte über 260 Matratzenlager, 20 Betten und ein separates Winterhaus mit 16 Lagern.

Die Hütte ist von Anfang Juni bis Anfang/Mitte Oktober jeden Jahres bewirtschaft. In der übrigen Zeit steht der ständig offene Winterraum jedermann zur Verfügung.

1 ALLGEMEINES

Abendstimmung, Hochvogel vom Glasfelderkopf

1 ALLGEMEINES

Kontakt
Prinz-Luitpold-Haus
Fax: 07 21/1 51 30 57 28
e-mail: post@prinz-luitpoldhaus.de
www.prinz-luitpoldhaus.de

Info-Hotline: 0 83 22/70 01 54

GPS Koordianten:
UTM: 32T, WSG 84 Ost: 060 714 7 Nord: 524 975 4

Eigentümer
DAV Sektion Allgäu-Immenstadt
e-mail: info@dav-allgaeu-immenstadt.de
www.dav-allgaeu-immenstadt.de
Tel.: 0 83 21/2 67 76

Exkurs: Prinzregent Luitpold von Bayern

Prinzregent Luitpold von Bayern wurde am 12. März 1821 als fünftes Kind des Königs Ludwig I. in Würzburg geboren. Schon früh begann er mit seinem leidenschaftlichen Hobby, der Jagd. Bei vielen Jagdausflügen im Allgäu war er ein gern gesehener Gast. Oberstdorf machte er zu seiner offiziellen Hofjagd. Luitpold war oberster Jagdherr von über 130.000 Hektar königlicher Leibgehege, ca. 15% des Staatswaldes.
Das Jagdjahr sah ihn in ganz Bayern, vom Spessart über Ingolstadt und München bis ins oberbayerische und Allgäuer Gebirge. Dort in Oberstdorf spendete er den Kindern an seinem Geburtstag nicht nur einen schulfreien Tag, sondern auch jedem Kind eine Semmel mit Wurst und jedem Kind ab dem 3. Schuljahr einen Schoppen Bier. Zahlreiche derartige Anekdoten über die Volkstümlichkeit des Prinzregenten werden noch heute in Bayern erzählt. Nachdem sein Neffe, der Märchenkönig Ludwig II. im Jahre 1886 entmündigt worden war, übernahm Prinz Luitpold die Regentschaft über Bayern. Er blieb bis zu seinem Tode Prinzregent und starb am 12.12. 1912 im gesegneten Alter von 91 Jahren.

Prinzregent Luitpold von Bayern

1.2 Schwierigkeitsbewertung

Wanderungen und Bergtouren bis zum Schwierigkeitsgrad 2 der UIAA-Skala werden nach der Schwierigkeitsskala des Schweizer Alpen-Clubs bewertet. Kletterschwierigkeiten werden in der UIAA-Bewertung angegeben.

Wanderskala des SAC

Grad	Weg/Gelände	Anforderungen	Referenztouren
T1 Wandern	Weg gut gebahnt. Falls nach SAW-Normen markiert: gelb. Gelände flach oder leicht geneigt, keine Absturzgefahr.	Keine, für Turnschuhe. Orientierung problemlos, auch ohne Karte möglich.	Wanderung zur Schwarzenberghütte oder zur Pointhütte
T2 Wandern	Weg mit durchgehender Trassee. Falls SAW-konform markiert: weiß-rot-weiß. Gelände teilweise steil, Absturzgefahr nicht ausgeschlossen.	Etwas Trittsicherheit. Trekkingschuhe sind empfehlenswert. Elementares Orientierungsvermögen.	Hüttenaufstieg zum Prinz-Luitpold-Haus
T3 anspruchsvolles Bergwandern	Weg am Boden nicht unbedingt durchgehend sichtbar. Ausgesetzte Stellen können mit Seilen oder Ketten gesichert sein. Eventuell braucht man die Hände fürs Gleichgewicht, falls markiert: weiß-rot-weiß. z.T. exponierte Stellen mit Absturzgefahr, Geröllflächen, weglose Schrofen.	Gute Trittsicherheit. Gute Trekkingschuhe. Durchschnittliches Orientierungsvermögen. Elementare alpine Erfahrung.	Jubiläumsweg Weg zur Kemptener Hütte

Grad	Weg/Gelände	Anforderungen	Referenztouren
T4 Alpinwandern	Wegspur nicht zwingend vorhanden. An gewissen Stellen braucht man die Hände zum Vorwärtskommen. Falls markiert: weiß-blau-weiß. Gelände bereits recht exponiert, heikle Grashalden, Schrofen, einfache Firnfelder und apere Gletscherpassagen.	Vertrautheit mit exponiertem Gelände. Stabile Trekking-schuhe. Gewisse Gelände-beurteilung und gutes Orientierungsvermögen. Alpine Erfahrung. Bei Wettersturz kann Rückzug schwierig werden.	Hochvogel Bäumenheimer Weg
T5 anspruchsvolles Alpinwandern	Oft weglos. Einzelne einfache Kletterstellen. Falls Route markiert: weiß-blau-weiß. Exponiert, anspruchsvolles Gelände, steile Schrofen, Gletscher und Firnfelder mit Ausrutschgefahr.	Bergschuhe. Sichere Geländebeurteilung und sehr gutes Orientierungs-vermögen. Gute Alpiner-fahrung und elementare Kenntnisse im Umgang mit Pickel und Seil.	Südl. Fuchskarspitze Normalweg Giebel Normalweg
T6 schwieriges Alpinwandern	Weg am Boden nicht unbedingt durchgehend sichtbar. Ausgesetzte Stellen können mit Seilen oder Ketten gesichert sein. Eventuell braucht man die Hände fürs Gleichgewicht. Zum Teil exponierte Stellen mit Absturzgefahr, Geröllflächen, weglose Schrofen.	Ausgezeichnetes Orientierungsvermögen. Ausgereifte Alpinerfahrung und Vertrautheit im Umgang mit alpintechnischen Hilfsmitteln.	„Wilder Grat" Wiedmerüberschreitung

1

Für Laien hat Reinhold Messner den Unterschied einmal so beschrieben: „I ist das Begehen einer steilen Treppe, X das Klettern an einer Raufasertapete."

UIAA-Skala

	Bewertung UIAA
1	Geringe Schwierigkeiten. Einfachste Form der Felskletterei (doch kein leichtes Gehgelände!). Die Hände sind zur Unterstützung des Gleichgewichtes erforderlich. Anfänger müssen am Seil gesichert werden. Schwindelfreiheit ist bereits erforderlich.
2	Mäßige Schwierigkeiten. Hier beginnt die Kletterei, welche die Drei-Punkt-Haltung erforderlich macht.
3	Mittlere Schwierigkeiten. Zwischensicherungen an exponierten Stellen empfehlenswert. Senkrechte Stellen verlangen bereits Kraftaufwand. Geübte und erfahrene Kletterer können Passagen dieser Schwierigkeit noch ohne Seilsicherung erklettern.
4	Große Schwierigkeiten. Hier beginnt die Kletterei schärferer Richtung. Erhebliche Klettererfahrung notwendig. Längere Kletterstellen bedürfen meist mehrerer Zwischensicherungen. Auch geübte und erfahrene Kletterer bewältigen Passagen dieser Schwierigkeit gewöhnlich nicht mehr ohne Seilsicherung.
5	Sehr große Schwierigkeiten. Zunehmende Anzahl an Zwischensicherungen ist die Regel. Erhöhte Anforderungen an körperlichen Voraussetzungen, Klettertechnik und Erfahrung. Lange hochalpine Routen im Schwierigkeitsgrad 5 zählen bereits zu den ganz großen Unternehmungen in den Alpen und außeralpinen Regionen.
6	Überaus große Schwierigkeiten. Die Kletterei erfordert weit überdurchschnittliches Können und hervorragenden Trainingsstand. Große Ausgesetztheit, oft verbunden mit kleinen Standplätzen. Passagen dieser Schwierigkeit können in der Regel nur bei guten Bedingungen bezwungen werden.
7	Außergewöhnlich große Schwierigkeiten. Ein durch gesteigertes Training und verbesserte Ausrüstung erreichter Schwierigkeitsgrad. Auch die besten Kletterer benötigen ein regelmäßiges, an die Gesteinsart angepasstes Training um Routen dieser Schwierigkeit zu meistern. Neben akrobatischem Klettervermögen ist das Beherrschen ausgefeilter Sicherungstechnik unerlässlich.
8, 9, 10, 11	(noch) keine wörtliche Entsprechung (am besten ausprobieren und selber versuchen, es in Worte zu fassen). Eine verbale Definition ist aber auch problematisch und auch nicht mehr wirklich notwendig. Enormer Kraftaufwand samt ausgefeilter Technik ist erforderlich. Diese Schwierigkeitsgrade sind nur außerordentlichen Könnern zugänglich.

Die Schwierigkeit einer Route ergibt sich nicht ausschließlich durch den Kletterschwierigkeitsgrad.

	E- Bewertung
E1	eingebohrte, sportkletterähnlich abgesicherte Route mit geringen Hakenabständen S: Sportkletterniveau, keine zusätzliche Absicherung mehr nötig. R: sehr gering, kaum objektive Gefahren, kaum Stürze mit ernsten Verletzungen möglich P: sehr gering Beispiele: Klettergarten Wiedemerplatte
E2	überdurchschnittlich gut abgesicherte Route, gutes Material vorhanden, nur wenig eigene Absicherung nötig, z. T. größere Hakenabstände S: Grundlagen mobiler Sicherung, R: gering, verletzungsträchtige Stürze teilweise möglich, allerdings i.d. R. weniger schwerwiegend P: gering Beispiele: Fuchskarspitze Schwarze Wand (E2)
E3	durchschnittlich abgesicherte Route, zusätzliche Absicherung ist nötig, aber noch relativ einfach S: durchschittliches Können im Fixpunkteschaffen, R: gefährliche Stürze möglich, bei unzureichender eigener Absicherung auch mit schwerwiegenden Folgen. Route zusätzlich evtl. objektiv nicht ganz sicher P: mittel Beispiele: Fuchskarspitze Westgrat, Schneck Ostwand
E4	alpine, schlecht abgesicherte Route – für Absicherung muss selbst gesorgt werden, auch an schwierigen Stellen S: sicherer Umgang mit mobilen Sicherungsmitteln, R: ernsthaftes Verletzungsrisiko bei Stürzen und/oder objektiv gefährlich P: mittel – hoch Beispiele: Fuchskarspitze, Direkte Gelbe Wand
E5	schlecht abzusichernde Route – die Route ist schlecht abgesichert und kann auch stellenweise nicht oder nur schwierig abgesichert werden – lange runouts müssen bewältigt werden. S: sicherer Umgang mit allen Sicherungsmitteln, R: auch in den schwierigen Passagen Stürze mit schweren Verletzungen möglich P: hoch Beispiele: Mittlere Balkenspitze, Gelbe Platte
E6	sehr ernste Route – bei der längere Passagen auch in den schwierigen Seillängen nicht abgesichert werden können. An kritischen Stellen werden Stürze fatale Folgen haben. S: perfekter Umgang mit allen – auch exotischeren – Sicherungsmitteln, R: gefährliche Route mit sehr hohem Unfallrisiko P: sehr hoch Beispiele: Kletterrouten in der Hochvogel Nordwand
	S= Wie gut muß der Begeher mit (welchen) Sicherungsmitteln umgehen können R= Wie groß ist das Risiko eines Unfalls oder einer Verletzung (v.a. wenn man sich überschätzt hat) P= Welche Anforderungen werden an die Psyche bzw. die mentalen Fähigkeiten eines Begehers gestellt

1.3 Zum Gebrauch des Führers

Der vorliegende Führer beschreibt alle bekannten Routen in den Bergen rund um das Prinz-Luitpold-Haus. Er richtet sich in gleicher Weise an Wanderer, Bergsteiger und Kletterer.

In den Kapiteln 3 bis 6 werden die Schwierigkeiten und Gefahren der Touren entsprechend der in Frage kommenden Zielgruppe beschrieben.

Neben den bekannten Höhenwegen und den Routen auf den Hochvogel werden auch viele weglose Anstiege beschrieben. Einige von ihnen führen durch ein für die Allgäuer Alpen typisches Gelände aus Steilgras und brüchigen Schrofen. Diese Touren sollten nur von Leuten begangen werden, die sich im weglosen Gelände sicher bewegen können.

Gleich ob Wanderer, Bergsteiger oder Kletterer. Jeder findet in dem wohl schönsten Winkel der Allgäuer Alpen seine Tour.

Achtung
Im Falle eines Unfalls ist es aufgrund von Lücken im Handynetz nicht überall möglich einen Notruf per Handy abzusetzen. Durch Reflexionen kann ein Notruf unter Umständen nicht an der zuständigen, nächsten Rettungsleitstelle, sondern an einer weit entfernten Dienststelle ankommen. Um im Falle eines Falles nicht wertvolle Zeit zu verschenken, sollte man die Rufnummern der für das Gebiet in Frage kommenden Rettungsleitstellen mit internationaler Vorwahl in seinem Mobiltelefon gespeichert haben.

Rettungsleitstelle Kempten:	(0049) 831 19222
Bezirkspolizeikommando Reutte	(0043) 59133 7150-305
Internationaler Notruf	112

Karten

Wir empfehlen die Alpenvereinkarte Nr. 2/2 Allgäuer-Lechtaler Alpen Ost, sowie die Kompass Wanderkarte 3 (Allgäuer Alpen). Letztere deckt das gesamte beschriebene Gebiet ab. Alle Orts- und Höhenangaben nach diesen Karten.

Zeichenerklärung

 Zeit/Dauer

Distanz

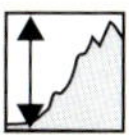 Höhenunterschied (im Aufstieg)

 Schwierigkeit nach T-Bewertung und/oder UIAA

 Schwierigkeit nach E-Bewertung

 Expressschlingen

 Klemmkeile/Friends

 Hammer und Haken

 Exposition

1.4 Das Bärgündletal

Das Bärgündletal, eines der schönsten Alpentäler! Spricht aus dieser Aussage nicht Lokalpatriotismus oder mangelnde Kenntnis anderer Alpenregionen?

Gewiss, es gibt gewaltigere Bergkulissen zwischen Nizza und Wien. Der besondere Reiz des Bärgündletales liegt aber in seiner abwechslungsreichen und kontrastreichen Landschaft. Der stete Wechsel zwischen dunklen Wäldern, sanften Weiden, Steilgras, hellgrauen Felswänden, öden Karen macht den besonderen Reiz dieses Tales aus. Permanente Firnfelder, von denen einige sogar den Jahrhundertsommer 2003 überlebt haben, verleihen der ganzen Kulisse einen hochalpinen Anstrich. Das Bärgündletal bildet den Talschluss des Ostrachtales. Vom 2380m hohen Großen Wilden zieht es in nordnordöstlicher Richtung bis zur Vereinigung mit dem Obertal. Der das Tal durchfließende Bärgündlebach und der Obertalbach bilden mit ihrem Zusammenfluss beim Giebelhaus den Ursprung der Ostrach, die dem Tal ab hier flussabwärts seinen Namen gegeben hat.

Mit 2000 bis 3000 l/m^2 zählt das Tal zu den niederschlagsreichsten Regionen der Alpen. Anderseits ist das Bärgündle, ebenso wie die anderen Gebiete der Allgäuer Alpen mangels herbstlicher Nebel eines der sonnenreichsten Gegenden Deutschlands. Diese klimatischen Einflüsse prägen das Landschafsbild, ebenso wie die Alpwirtschaft.

Beginnen wir mit einer kleinen Rundwanderung am Giebelhaus. Noch bevor wir die Brücke über den Bärgündlebach erreichen biegen wir rechts ab und folgen dem alten Fußweg an der Fußhütte vorbei taleinwärts.

ALLGEMEINES 1

Abendstimmung am Giebelgrat

Dieser umgeht den schluchtartigen Taleingang in der steilen Nordostseite des Giebels. Wir wandern durch alten Bergmischwald mit markanten Baumgestalten, bis sich das Tal nach etwa einem Kilometer öffnet. Leicht fallend leitet der Fußweg hinab zur Fahrstraße. Hier bleibt der Wald zurück, so dass man immer wieder freien Blick auf die umliegenden Berge hat. Das markante Felshorn des Schnecks und der Große Wilde mit der schneebedeckten Gamswanne prägen von nun an das Landschaftsbild.

Wir folgen der Straße stark steigend an der Materialbahn des Prinz-Luitpold-Hauses vorbei bis zur Pointhütte (1319 m). Dabei passieren wir kurz nach der Materialbahn den Standort der 2000-jährigen Eibe, die leider im Jahr 1999 einem Lawinenabgang zum Opfer viel. Etwa 50 Meter vor der Pointhütte biegen wir links ab und folgen einem breiten Kiesweg durch buckliges Weidegelände. Die vereinzelt herumliegenden, überwachsenen Felsblöcke sind eine Fundgrube botanischer Seltenheiten, wie zum Beispiel dem Hauswurz, aber auch Lebensraum der Kreuzotter. In zahlreichen kleinen Tümpeln hat man Gelegenheit Bergmolche und andere Amphibien zu beobachten. Wir überschreiten den Bärgündlebach und gelangen leicht steigend zu der im Sommer bewirtschafteten Unteren Bärgündlealpe (1322 m).
Steil geht es nun durch dichten, dunklen Laubwald an einigen Wasserfällen vorbei in den tief eingeschnittenen Talgrund, um jenseits nach kurzem Gegenanstieg wieder die Fahrstraße zu erreichen. Dieser folgen wir nun bis zum Giebelhaus, Dabei passieren wir den rund 30 Meter hohen Täschlefall, einen der schönsten Wasserfälle der Gegend.

1 ALLGEMEINES

Bärgündlebach

Für diese Wanderung sind etwa zwei Stunden zu veranschlagen. Sie lohnt sich bei jedem Wetter, also auch dann, wenn die Verhältnisse keine hochalpinen Großtaten zulassen, oder wenn einem einfach nur mal zu einem gemütlichen Bummel zumute ist. Bei dieser Runde passiert man die elf Stationen des Naturerlebnisweges „Unter den Schwingen des Steinadlers".

1.5 Naturschutzgebiet Allgäuer Hochalpen

Das gesamte Bärgündletal und somit auch das Prinz-Luitpold-Haus liegen in dem seit 1992 bestehenden Naturschutzgebiet Allgäuer Hochalpen. Mit einer Fläche von 20724 Hektar zählt es zu den größten Schutzgebieten Bayerns. Das Schutzgebiet umfasst alle nordalpinen Lebensräume und zeichnet sich durch seine geologische Vielfalt und durch seinen botanischen Artenreichtum aus. Daneben beherbergt es zahlreiche vom Aussterben bedrohte Tiere, wie den Alpensteinbock, den Steinadler, alle mitteleuropäischen Rauhfußhuhnarten und viele mehr. Tiere, welche man im Bärgündletal allerdings nur selten zu Gesicht bekommt. Häufig kann man rund ums Prinz-Luitpold-Haus Gämsen oder auch Murmeltiere beobachten. Wenn man Glück hat, erblickt man vielleicht einmal einen Mauerläufer, der in den öden Felswänden von Hochvogel und Fuchskarspitze brütet.

Einige Verhaltenshinweise:

- **Möglichst auf den Wegen bleiben!**
  Werden Klettertouren oder weglose Gipfelziele angestrebt, sollte der jeweils kürzeste Zugang gewählt werden

- **Umweltschonend anreisen!**
  Wenn möglich mit öffentlichen Verkehrsmitteln, bzw. Fahrgemeinschaften bilden

- **Markierungen und Hinweise beachten!**

- **Dem Wild ausweichen!**
  Nur aus der Distanz beobachten, Futterstellen umgehen, Lärm vermeiden. Waldgebiete nur auf Wegen oder Forststraßen durchqueren. Wildschutzgebiete und etwaige Betretungsregelungen beachten!

Weitere Infos zum Naturschutzgebiet
Allgäuer Hochalpen unter:
http://www.allgaeuer-hochalpen.de

Mauerläufer

EXPLORER

2 ANFAHRT, TALORTE & ZUGÄNGE

2.1 Hinterstein

Hinterstein (866 m) ist ein Ortsteil von Bad Hindelang im Landkreis Oberallgäu. Hinterstein ist der Ausgangspunkt für zahlreiche Bergtouren im Ostrachtal, so auch für die Touren ums Prinz-Luitpold-Haus. Der Name Hinterstein bedeutet nichts anderes als die Siedlung „Hinter dem Stein", einem markanten Felsblock, welcher auf der kleinen Wiese gegenüber des Kraftwerkes, etwa ein Kilometer vor dem Ortseingang liegt. Über die erste Besiedlung Hintersteins ist nichts bekannt. Vermutlich wurde es erst im Spätmittelalter, mit Beginn des Erzabbaues im hinteren Ostrachtal dauerhaft besiedelt.
Weitere Informationen unter **www.hinterstein.de**

Anfahrt
Mit dem Auto kann man bis an das Ortsende Hintersteins fahren. Danach ist die Straße Richtung Giebelhaus für den öffentlichen Verkehr gesperrt. Am Ortsende sowie kurz vor dem Ort stehen gebührenpflichtige Parkplätze zur Verfügung. Von dort gelangt man auf einer gut asphaltierten Straße mit dem Fahrrad ins Bärgündletal (ca. 12 km) oder mit der Buslinie der Firma Wechs bis zum Giebelhaus (ca. 9 km). Ein Mountainbike ist nicht unbedingt nötig, wegen der starken Steigungen jedoch angenehm.

Die letzte gebührenfreie Parkmöglichkeit besteht am Busbahnhof in Bad Hindelang. Von dort sind es rund 15 km bis zum Giebelhaus. Mit dem Linienbus der Firma RVA gelangt man von dort mehrmals täglich nach Hinterstein. Fahrpläne der Busse können bei der Firma **Wechs (0 83 24/93 2 30 bzw. www.wechs.net/fahrplan)** und bei der Firma **RVA (0 83 22/9 67 70 bzw. www.rvo-bus.de)** erfragt werden.

ANFAHRT, TALORTE & ZUGÄNGE 2

Hinterstein, mittleres Dorf mit dem Älpelekopf

2.2 Hinterhornbach

Hinterhornbach (1101 m) liegt in einem von eindrucksvollen Bergen umgebenen Tal und ist unter anderem Ausgangspunkt für den Aufstieg aufs Prinz-Luitpold-Haus und den Hochvogel von Süden. Hinterhornbach wurde im Jahre 1235 erstmals urkundlich erwähnt. Das kleine Dorf am Fuße des Hochvogels verfügt über eine Brücke aus dem 17. Jahrhundert, welche heute unter Denkmalschutz steht.

Die Besiedlung des Hornbachtales erfolgte vermutlich aus dem Allgäuer Ort Oberstdorf. In einer Urkunde findet sich die Eintragung, dass 1315 die Herren von Rettenberg dem Kloster Stams (Tirol) die Höfe in Hinterhornbach mit Wald und Weiden übergeben haben.
Weitere Informationen unter **www.lechtal.at**

Anfahrt
Mit dem Auto kann man von Stanzach im Lechtal auf einer ca. 6 km langen Straße bis zum Ortsende von Hinterhornbach fahren. Man findet mehrere gebührenfreie Parkplätze, unter anderem in der Nähe der Jochbachbrücke, genau dort, wo der Aufstieg zum Prinz-Luitpold-Haus und dem Hochvogel beginnt. Mit öffentlichen Verkehrsmitteln kommt man von Reutte/Tirol nur bis Stanzach.
Fahrpläne im Lechtal unter **www.oebb.at**

ANFAHRT, TALORTE & ZUGÄNGE 2

Hinterhornbach

2.3 Aufstieg vom Giebelhaus

2,5-3 Std.	800 hm	4,5 km	T2

Freuden
Kurzweiliger, abwechslungsreicher Hüttenanstieg

Gefahren
Etwas Trittsicherheit nötig, ansonsten bei gutem Wetter weitgehend harmlos.

Die Route
Vom Giebelhaus folgt man einer asphaltierten Forststraße ins Bärgündletal. Nach etwa einer halben Stunde, 190 Meter vor der Materialbahn der Hütte (bis hierher mit dem Fahrrad möglich) zweigt ein markierter Fußweg ab, welcher leicht fallend nach links in den engen Taleinschnitt des Bärgündlebachs führt. Jenseits an der Unteren Bärgündlealpe vorbei in zahlreichen Kehren empor zum Prinz-Luitpold-Haus.

Giebelhaus

Ausschnitt aus KOMPASS WK Nr. 3, Lizenz-Nr: 54-0706-LAB

2.3.1 Vom Giebelhaus über das „Gries“

3 Std.	800 hm	7 km	T2

Eine etwas längere, aber bequemere und sehr schöne Variante ist der Aufstieg über das „Gries“.
Man bleibt auf der Fahrstraße bis zu ihrem Ende bei der Pointhütte (1319 m) und folgt dann dem Fußweg immer taleinwärts bis in knapp 1600 m Höhe der Verbindungsweg Kemptner Hütte – Prinz-Luitpold-Haus erreicht ist. Auf diesem nach links, den gesamten Talschluss des Bärgündles auslaufend zur Hütte.

Im Gries

2 ANFAHRT, TALORTE & ZUGÄNGE

2.4 Aufstieg von Hinterhornbach

4 Std	1200 hm	7 km	T3

Freuden
Fast schon die halbe Hochvogelumrundung.

Gefahren
Besonders bei schlechtem Wetter schwierige Orientierung zwischen dem Fuchsensattel und der Balkenscharte. Auf diesem Stück muss bis weit in den Sommer mit Altschneefeldern gerechnet werden.

Die Route
Von der Jochbachbrücke in Hinterhornbach zunächst in weiten Kehren auf einer Forststraße, später auf einem Fußweg zur Schwabegghütte (1699 m), und weiter auf einem breiten Rücken auf den Südostsporn des Hochvogels bis zu Punkt 1975 m. Nun nach langer Rechtsquerung durchs Kuhkar hinauf auf den Fuchsensattel (2039 m). Jenseits in grob westlicher Richtung hinab in das mächtige Kar unter der Hochvogel-Nordwand und mit knapp 300 Höhenmeter Gegenanstieg zum Verbindungsweg Prinz-Luitpold-Haus – Hochvogel, welcher an einer kleinen Felsrippe erreicht wird, die in unschwieriger Kraxelei zu überwinden ist. Von dort quert man fast waagrecht rund 200 Meter in die Balkenscharte (2172 m). Auf der anderen Seite steigt man in zahlreichen Kehren zu der bald schon sichtbaren Hütte ab.
(Siehe Karte Seite 27)

2 ANFAHRT, TALORTE & ZUGÄNGE

3 HÖHENWEGE & WANDERUNGEN

3.1 Aufstieg aus dem Oytal von Oberstdorf

6 Std	1500 hm	16 km	T2

Freuden
Eine Wanderung vorbei an den steilsten Grasbergen des Allgäus.

Gefahren
Bei gutem Wetter nur etwas Trittsicherheit erforderlich, bei Nässe oder Neuschnee rasch gefährlich.

Oytal

Aufstieg aus dem Oytal

Ausschnitt aus KOMPASS WK Nr. 3, Lizenz-Nr: 54-0706-LAB

Die Route

Aus dem Zentrum von Oberstdorf steuert man die Schattenbergschanzen (Erdinger Arena) am östlichen Ortsrand an.

Von dort auf einer für den öffentlichen Verkehr gesperrten Fahrstraße zum Oytalhaus (1010m), und weiter, zum Schluss stark steigend, zur Käseralpe (1401m). Bis hierher rund zehn Kilometer Asphalthatscherei. Wegen der eindrucksvollen Ausblicke auf die Höfats, den Rädlergrat und den Stuibenfall dennoch lohnend.

Ab hier auf einem Fußweg steil empor zum Wildenfeldhüttchen. Weiter in einigen Kehren über Wiesenhänge hinauf zum Himmelecksattel (2007m). und jenseits hinab in den „im Gries" genannten Talschluss des Bärgündletales.

Dieser wird in etwa 1600m Höhe gequert, bevor man wieder ansteigend unterm Wiedemerkopf hindurch zur Hütte gelangt.

Aufstieg aus dem Oytal mit Höfats

Wildenfeldhütte

Das Himmelhorn, seine Südwand und an der Licht-Schatten-Grenze der Rädlergrat

Über dem Talschluss trohnt der Große Wilde

3.2 Vom Edmund-Probst-Haus über das Laufbacher Eck

4,5 Std	550 hm	8,5 km	T3–T4

Freuden

Ein außerordentlich schöner Panoramaweg mit stets wechselnden Ausblicken in die Allgäuer Berge. Besonders beeindruckend sind die Nahblicke auf Höfats und Schneck. Zur Blütezeit (Juli/August) ein Meer von Bergblumen.

Gefahren

Bei trockenen Verhältnissen fordert der steile Grasflanken querende Weg nur Trittsicherheit. Bei Nässe wird der erdige, grasige Boden sehr rutschig. Bei Neuschnee für den alpinen Normalverbraucher unbegehbar.

Die Route

Vom Edmund-Probst-Haus auf einem zunächst breiten dafür für Halbschuhtouristen angelegten Weg zum Zeigersattel. Nun quert man auf einem deutlich schmäleren Weg die steilgrasigen West- und Südhänge der beiden Seeköpfe, des Schochens und des Lachenkopfes bis in den Lacherscharte genannten Pass vor dem Laufbacher Eck. In einigen Kehren geht es hinauf zum Sattel südlich seines Gipfels. Dieser kann in wenigen Minuten über einen Grasrücken bestiegen werden. Jenseits über steile Osthänge etwa 250 hm hinab, bis man rechtshaltend, stets leicht fallend unter dem Schneck hindurch in den Talschluss des Bärgündletales bis auf ca. 1600 m absteigt. Dieser wird in etwa 1600 m Höhe gequert, bevor man wieder ansteigend unterm Wiedemerkopf hindurch zur Hütte gelangt.

(Siehe Karte Seite 33)

HÖHENWEGE & WANDERUNGEN 3

Der Große Wilde über dem Himmelecksattel

Abendstimmung am Laufbacher Eck

Auf dem Weg zum Laufbacher Eck präsentiert sich der Schneck von seiner NW-Seite

Hinweis
Unter dem Osthang des Laufbacher Ecks befindet sich ein im Sommer besetzter Stützpunkt der Allgäuer Bergwacht.

Exkurs: Das Edmund Probst Haus

ist Eigentum der DAV-Sektion Allgäu-Immenstadt. Es verfügt über 108 Übernachtungsplätze. Die Hütte ist im Sommer und Winter bewirtschaftet dafür liegt sie direkt neben der Bergstation der Nebelhornbahn und kann mit dieser auch rasch und bequem erreicht werden. (Fahrpreis im Juni 2006: 16,– €)
Sehr schön und lohnend ist auch der Aufstieg von Reichenbach über die beiden Gaisalpseen. Die Hütte ist auch Ausgangspunkt für den **Hindelanger Klettersteig**.

Kontakt
Edmund-Probst-Haus
Nebelhorn 1
87561 Oberstdorf

Tel.: 08322/4795
Fax: 08322/8594
(nur während der Bewirtschaftung!)

e-mail: probsthaus@yahoo.de
oder per Post an die obige Adresse
www.edmund-probst-haus.de

Nebelhornbahn
www.nebelhorn.de
Tel: 08322/96000

3.3 Landsberger Hütte über den Jubiläumsweg

6-7 Std.	800 hm	11 km	T3

Freuden
Über lange Strecken bequemer, aussichtsreicher Höhenweg hoch über dem einsamen Schwarzwassertal.

Gefahren
Bei Wettersturz kann die Tour nicht problemlos abgebrochen werden. Die in Frage kommenden Notabstiege ins Erzbergtal sind nicht markiert und schwierig zu finden.
Bei Neuschnee ist die Querung der Lärchwand sehr heikel (Steilgras)

Die Route
Von der Hütte sanft ansteigend in die Bockkarscharte (2164 m) und jenseits über steiles Geröll hinab bis auf etwa 1800 m. Es folgt die mit einem Drahtseil versicherte Querung der Lärchwand. Danach werden die Südostflanken von Schänzlekopf und -spitze und Lahnerkopf nahezu horizontal gequert, bis man schließlich leicht steigend die Lahnerscharte erreicht. Hier verlässt man den Jubiläumsweg und folgt nach rechts dem Saalfelder Weg durch die Südflanke des Kastenkopfes zum Kastenjoch und leicht ansteigend in das westliche Lachenjoch. Nun leicht fallend hinab zu der ab hier sichtbaren Landsberger Hütte.

Ausschnitt aus KOMPASS WK Nr. 3, Lizenz-Nr: 54-0706-LAB

Exkurs: Die Landsberger Hütte (1810 m)

ist Eigentum der DAV-Sektion Landsberg am Lech und verfügt über 120 Übernachtungsplätze. Man erreicht sie in ca. 1,5 Std. vom Vilsalpsee.
Sehr lohnend ist auch die Fortsetzung des Saalfelderwegs zur Vogelhornbahn (Neunerköpfle), wofür etwa drei Stunden zu veranschlagen sind.
Kontakt: (0043) 5675 6282 (nur während der Öffnungszeiten von Juni bis Oktober) ansonsten (0043) 5632 20073

3.4 Willersalpe über den Jubiläumsweg

6-8 Std.	600 hm	13 km	T3

Freuden

Über lange Strecken bequemer, aussichtsreicher Höhenweg hoch über dem einsamen Schwarzwassertal. Der einmalig schön gelegene Schrecksee und die nach alter Tradition bewirtschaftete Willersalpe.

Gefahren

Bei Wettersturz kann die Tour nicht problemlos abgebrochen werden. Die in Frage kommenden Notabstiege ins Erzbergtal sind nicht markiert und schwierig zu finden. Der erste brauchbare Notabstieg führt vom Schrecksee hinab ins Ostrachtal. Bei Neuschnee ist die Querung der Lärchwand sehr heikel (Steilgras)

Die Route

Von der Hütte sanft ansteigenden in die Bockkarscharte (2164 m) und jenseits über steiles Geröll hinab bis auf etwa 1800 m. Es folgt die mit einem Drahtseil versicherte Querung der Lärchwand. Danach werden die Südostflanken von Schänzlekopf und -spitze und Lahnerkopf nahezu horizontal gequert bis man schließlich leicht steigend die Lahnerscharte erreicht. Von der Scharte leicht fallend hinab zum schön gelegenen Schrecksee und wieder steigend, das Kugelhorn westlich, das Rauhhorn östlich umgehend in den Vordere Schafwanne genannten Sattel zwischen Rauh- und Geißhorn. Jenseits steil hinab zur Willersalpe (1456 m). (Einfache Übernachtung, Tel. 01 71/9 93 98 47). Von hier kann man in gut einer Stunde nach Hinterstein absteigen oder die Tour über Ponten, Bschießer und Iseler fortsetzen.

Schrecksee und Kastenkopf

Exkurs: Der Wegebautrupp des DAV

Wer heute bequem auf den gut angelegten Wanderwegen von Hütte zu Hütte wandert, wird sich vielleicht mal Gedanken machen, wer diese Wege angelegt hat und warum. 1891 beschlossen die Sektionen Allgäu-Immenstadt und Memmingen des DAV den gesamten Allgäuer Hauptkamm vom Biberkopf bis zum Iseler begehbar zu machen. Die gesamte Arbeit wurde von Mitgliedern der Sektion zum größten Teil ehrenamtlich geleistet. Zur 30-jährigen Zugehörigkeit der Sektion zum Gesamtverein wurde 1899 der Jubiläumsweg eingeweiht. Die Sektionen des Alpenvereins haben die Alpen in Arbeitsgebiete aufgeteilt, um die Wege zu betreuen und in Stand zu halten. Das Wegenetz der DAV Sektion Allgäu-Immenstadt misst ca. 150 km und wird vom Wegebautrupp, dem fast nur Mitglieder der Ortsgruppe Bad Hindelang angehören, betreut. Jährlich wird dafür von der Sektion ein Budget von ca. 15.000 Euro veranschlagt. Pro Jahr werden vom Wegebautrupp rund 500–600 Stunden geleistet. Die bisherigen Zuschüsse des Bayerischen Staates an den DAV-Hauptverein von insgesamt ca. 800.000 Euro sind seit dem Jahr 2004 auf ca. 30.000 Euro gekürzt worden. Und dies für ein Wegenetz von ca. 15.000(!) km allein in Bayern.

Das Rauheck bei Sonnenuntergang, gesehen von der Höfats

3.5 Kemptner Hütte über Himmeleck, Rauheck und Kreuzeck

8-10 Std.	1400 hm	15 km	T3

Freuden
Lange, aussichtsreiche Höhenwanderung. Prächtige Nahblicke auf die Höfats und die bizarren Türme der Krottenspitzen, der schön gelegene Eissee und die Gratüberschreitung von Kreuzeck und Rauheck.

Gefahren
Allein die Länge der Tour fordert den ausdauernden Bergsteiger. Nicht überall ist ein Abbruch gefahrlos möglich. Über lange Strecken führt der Weg durch typische Allgäuer Grasberge, welche bei Nässe und Neuschnee für Ungeübte rasch unbegehbar werden.

Die Route
Von der Hütte im weiten Bogen das Bärgündletal auslaufend zum Himmelecksattel. Jenseits fallend hinab um Wildenfeldhüttchen (1692 m) und in langer Querung hinüber zum Eissee. Hier beginnt der Aufstieg zum Rauheck (2384 m), das über seinen Nordgrat erreicht wird. Auf einem breiten Grat weiter zum Kreuzeck (2375 m) und hinab in den Sattel vor der steil aufragenden Krottenspitze. Nun wird rechtshaltend, das Kar „im Märzle“ querend, der Fürschießersattel erreicht, um jenseits im weiten Bogen zu der ab hier sichtbaren Kemptner Hütte abzusteigen.
(Siehe Karte Seite 46)

Ausschnitt aus KOMPASS WK Nr. 3, Lizenz-Nr: 54-0706-LAB

Exkurs: Die Kemptner Hütte (1844 m)

ist Eigentum der DAV-Sektion Kempten und verfügt über 285 Übernachtungsmöglichkeiten. Die Hütte kann sowohl von Oberstdorf-Spielmannsau als auch von Holzgau im Lechtal in rund 2,5 – 3 Stunden erreicht werden. Die Hütte ist Ausgangs- oder Endpunkt des berühmten Heilbronner Weges.

Postanschrift Hütte
Spielmannsau
D-87561 Oberstdorf

Fax Hütte 0170/2390857
Internet www.kemptner-huette.de

Info-hotline 08322/700152

3.6 Hermann-von-Barth-Hütte über Himmeleck, Rauheck, Kreuzeck und den Düsseldorfer Weg

8-10 Std.	1700 hm	16 km	T3

Freuden
Verbindungsweg zwischen zwei besonders interessanten Regionen und Hütten. Lange, aussichtsreiche Höhenwanderung. Prächtige Nahblicke auf die Höfats und die Marchspitze, der schön gelegene Eissee und die Gratüberschreitung von Kreuzeck und Rauheck.

Gefahren

Der längste Hüttenverbindungsweg im Allgäu fordert den ausdauernden Bergsteiger. Nicht überall ist ein Abbruch gefahrlos möglich. Über lange Strecken führt der Weg durch typische Allgäuer Grasberge, welche bei Nässe und Neuschnee für Ungeübte rasch unbegehbar werden. Der sogenannte Düsseldorfer Weg zwischen Kreuzeck und der Hermann-von-Barth-Hütte wird selten begangen und ist nur spärlich markiert. Bei Nebel oder Schnee, welcher sich hier weit in den Sommer hinein hält, schwierige Orientierung.

Die Route

Von der Hütte im weiten Bogen das Bärgündletal auslaufend zum Himmelecksattel. Jenseits fallend hinab um Wildenfeldhüttchen (1692 m) und in langer Querung hinüber zum Eissee. Hier beginnt der Aufstieg zum Rauheck (2384 m), das über seinen Nordgrat erreicht wird. Auf einem breiten Grat weiter zum Kreuzeck (2375 m) und hinab in den Sattel vor der steil aufragenden Krottenspitze. Nun biegt man links ab, überquert die Hochfläche „Auf der March", um zuletzt steil in die östlich der Marchspitze gelegene Marchscharte (2416 m) aufzusteigen. Jenseits geht es, das Birger- und das Wolfebnerkar auslaufend, hinab zur Hütte.

Wolfebnerspitze

Exkurs: Die Hermann-von-Barth-Hütte (2131 m)

ist die höchst gelegene Hütte in den Allgäuer Alpen. Sie ist Eigentum der DAV-Sektion Düsseldorf und verfügt über 65 Lager. In der Umgebung gibt es eine Reihe lohnender Klettertouren. Die Hütte ist in rund 2,5 Std. von Elbigenalp im Lechtal aus zu erreichen.

Tel./Fax: (0043) 5634 6671
mobil: (0043) 664 5016 62

e-mail
info@hermann-von-barth.at

Internet
www.hermann-von-barth.at

Hermann-von-Barth-Hütte

3.7 Das Schwarzwassertal

6 Std.	400 hm	15 km	T3

Freuden

Eine selten durchgeführte Art, das Prinz-Luitpold-Haus zu verlassen. Interessant für all jene, die ins Lechtal zurückkehren wollen. Eine Wanderung durch ein einsames, fast menschenleeres Tal, besonders lohnend, der kleine Abstecher zu den Sieglseen. Die Flusslandschaft am Lech ist eine der letzten ursprünglichen ihrer Art in den Alpen.

Gefahren

Das an sich meist harmlose Gelände bekommt durch die Abgeschiedenheit und die Länge der Route einen gewissen Ernst. Im Bereich zwischen Bockkarscharte und oberer Lichtalpe schwierige Orientierung.

Die Route

Von der Hütte sanft ansteigenden in die Bockkarscharte (2164 m) und jenseits über steiles Geröll hinab bis auf etwa 1800 m. Hier leicht fallend rechtshaltend um den Ostsporn der Kesselspitze herum bis zum tiefsten Punkt des Höhenweges, welcher Balken- und Bockkarscharte verbindet. Hier zweigt ein Pfad ab, welcher steil hinab zur Oberen Lichtalpe führt. Ab hier auf einer Forststraße zum Teil etwas eintönig durch das einsame Tal hinaus bis zum Lechufer. Dort angelangt hat man die Wahl auf Forststraßen flussaufwärts nach Stanzach und Vorderhornbach, flussabwärts nach Forchach oder Weißenbach zu wandern.
Der landschaftliche Höhepunkt der Tour sind die beiden Sieglseen. Diese erreicht man, indem man die Forststraße bei Einmündung des Hochwalderbaches verlässt um ohne Brücke

den Schwarzwasserbach zu überqueren. Jenseits auf einer Forststraße 100 Höhemeter empor, bis man in ca. 1220 m. nach rechts auf dürftigen Pfadspuren zu den Seen gelangt. Um die nach diesem Abstecher den Weg ins Lechtal fort zu setzen, folgt man der Forststraße welche bald den Roßkarbach überquert und nach der Sieglalpe wieder auf die normale Route trifft.

Die Sieglseen mit der Saldeinerspitze

3.8 Über das Himmeleck und das Hornbachjoch nach Hinterhornbach

7 Std.	800 hm	11 km	T3–4

Freuden
Wie kaum eine andere Wanderung offenbart diese Runde als Zweitagestour nach der Überschreitung des Hochvogels **(siehe 4.1)** die ganze Vielfalt und Schönheit der Allgäuer Alpen. Da man am Ende der Runde zum Ausgangspunkt zurückkehrt, entfällt langwieriges Zurückkehren zu dem dort abgestellten Fahrzeug. Bei der sich anbietenden Überschreitung von Jochspitze und Kanzberg kommen noch 200 hm hinzu.

Gefahren
Im Bereich des Hornbachjoches ist der Weg häufig abgerutscht und insbesondere bei Nässe und Schnee sehr heikel zu begehen. Bei Neuschnee nicht zu empfehlen.

Die Route
Von der Hütte im weiten Bogen das Bärgündletal auslaufend zum Himmelecksattel. Jenseits fallend hinab zum Wildenfeldhüttchen (1692 m). Kurz danach beginnt ein steiler Anstieg zum Hornbachjoch, (2020 m). Hier hat man die Möglichkeit direkt durchs Jochbachtal nach Hinterhonbach abzusteigen. Schöner ist es jedoch, auf einem markierten Weg die Jochspitze zu besteigen und anschließend ihrem Ostrücken zum aussichtsreichen Kanzberg zu folgen. Durch seine schattige Nordflanke führt ein Weg schließlich steil hinab nach Hinterhornbach.

3 HÖHENWEGE & WANDERUNGEN

Die Hornbachkette von der Jochspitze

* landschaft sport architektur interieur natur

fotografie*
www.burger-fotodesign.de
industrie katalog werbung stillife people
burgerfotodesign
Fuchsmühlstraße 39
D-87527 Sonthofen
fon 0 83 21/60 71 07
fax 0 83 21/60 71 08
info@fotografie-burger.de
www.burger-fotodesign.de

4. Bergtouren und Gipfelbesteigungen

In diesem Kapitel werden alle Gipfelbesteigungen sowie Routen bis zum Schwierigkeitsgrad 2 rund ums Prinz-Luitpold-Haus und im Bärgündletal beschrieben.
Die Schwierigkeitsbewertung erfolgt nach der Wanderskala des SAC und ggf. nach der UIAA-Skala. Die Aufstiegshöhenmeter und Entfernungen gelten immer ab dem angegebenen Ausgangspunkt.

4.1 Hochvogel (2592 m)

Nicht der höchste, aber wohl der markanteste Gipfel der Allgäuer Alpen. Da er seine Nachbarn um rund 300 m überragt, ein außerordentlich schöner Aussichtspunkt.
Sehr lohnend ist seine Überschreitung von Hinterhornbach zum Prinz-Luitpold-Haus mit anschließendem Weiterweg auf Route **3.8.**

Der Hochvogel vom Glasfelderkopf

4.1.1 Aufstieg vom Prinz-Luitpold-Haus über den Kalten Winkel

3 Std.	800 hm	3 km	T3–4

Freuden
Ein abwechslungsreicher Anstieg auf eine der auffälligsten Berggestalten der Nordalpen, die man allerdings an schönen Sommertagen mit vielen Gleichgesinnten teilen muss.

Gefahren
Über das Schneefeld des Kalten Winkels wurden schon manche Horrormärchen erzählt. Es ist nicht gefährlicher als andere Schneefelder. Dennoch ist es im Spätsommer, falls noch vorhanden, oft unangenehm vereist und erfordert entsprechende Vorsicht und vielleicht sogar Steigeisen. Wer diese nicht mitnehmen möchte, dem sei der Aufstieg über die Kreuzspitze empfohlen. Zwischen Balkenscharte und Kaltem Winkel sowie am Gipfelbau ganz kurze Kletterstellen (kaum 1), dort geröllbedeckter, brüchiger Fels.

Die Route
Von der Hütte auf dem markierten Weg in die von einer Felsnadel geschmückte Balkenscharte. Jenseits quert man einige Felsrippen, bis man das meist von einem Schneefeld bedeckte Kar des Kalten Winkels erreicht. Hier wird der Berg erstmals sichtbar. Über Geröll und Schnee in die Kalt-Winkelscharte. Hier mündet die Variante über die Kreuzspitze ein.
Über geröllbedeckte Felsstufen folgt man dem Weg über den Westrücken des Hochvogels, bis dieser steiler wird. (kurzeitig drahtseilversichert). Nun umgeht man die Westschulter auf einem breiten Band, genannt „die Schnur", und steigt über geröllbedeckte Felsstufen zum Gipfel.

4.1.2 Vom Prinz-Luitpold-Haus über die Kreuzspitze

3 Std.	850 hm	A B 2,5 km	T 3–4

Freuden
Wie **4.1.1** und zusätzlich ein leichter Klettersteig.

Gefahren
wie **4.1.1**, jedoch vermeidet man das Schneefeld im Kalten Winkel.

Die Route
Von der Hütte steigt man auf dem Normalweg bis in etwa 2050 m Höhe auf und verlässt diesen rechtshaltend, um auf einem markierten Weg zu den plattigen Gipfelfelsen der Kreuzspitze aufzusteigen. Über schräge Rampen, stets dem Drahtseil folgend, in eine Scharte im Nordgrat des Gipfels. Diese wird überschritten und die Ostflanke des Berges hoch über dem Kalten Winkel gequert, bevor man den Drahtseilen folgend in die Kalt-Winkelscharte absteigt. Weiter wie bei **4.1.1**

4.1.3 Vom Prinz Luitpold-Haus durch die Firnrinne der Nordwand

2,5 Std.	800 hm	A B 2,5 km	T5

Freuden
Bei guten Firnverhältnissen im Frühsommer für erfahrene, routinierte Bergsteiger eine interessante Alternative zum Normalweg.

Hochvogel von Norden. (Historische Aufnahme aus dem Hause Heimhuber)

Gefahren

Im Frühsommer bei guten Firnverhältnissen ist die ca. 45 Grad steile Rinne mit Steigeisen und Pickel ziemlich ungefährlich zu begehen. Bei Blankeis wird's rasch ungemütlich. Im aperen Zustand gefährliche Kletterei über geröllbedeckte Platten und kleine Felsstufen.

Die Route

Wie **4.1.1** in den Kalten Winkel und direkt durch die Rinne in die Scharte zwischen Hauptgipfel und Westschulter, wo man wieder auf den Normalweg trifft.

4.1.4 von Hinterhornbach über den Bäumenheimer Weg

5 – 6 Std.	1500 hm	5 km	T4 (1)

Freuden

Eindrucksvolle, teilweise versicherte Steiganlage durch die steile Südflanke des Hochvogels. Diese Route ermöglicht eine lohnende Überschreitung des Berges in zwei Tagen mit Rückkehr über das Himmeleck und das Hornbachjoch zum Ausgangspunkt.

Gefahren

Mit rund 1500 Höhenmeter durch die sonnige Südflanke anstrengend und schweißtreibend. Der Fels ist nicht nur oberflächlich verwittert, sondern auch in der Substanz brüchig und erfordert umsichtiges Steigen.
Steinschlaggefahr! – **Helm nicht vergessen**! Längere Kraxelpassagen im 1. Grad.

r Hochvogel von Süden

Die Route

Von der Jochbachbrücke in Hinterhornbach zunächst in weiten Kehren auf einer Forststraße, später auf einem Fußweg zur Schwabegghütte (1699 m), und weiter auf einem breiten Rücken auf den Südostsporn des Hochvogels zu bis zu Punkt 1975 m. Nach langer Linksquerung erreicht man den Südsüdwestgrat, der sich bald in der steilen Gipfelflanke verliert.
Entlang dieses Grates und durch die Flanke stets den Markierungen folgend hinauf zum Gipfel.

4.1.5 Die Nordwestschulter als Abstecher vom Normalweg

10 min.	50 hm	0,1 km	T6 (2–3)

Freuden
Ein einsamer Nebengipfel des Hochvogels.

Gefahren
Kurze, besonders im Abstieg nicht zu unterschätzende Kletterei über kleine, senkrechte Felsstufen und geröllbedeckte Bänder. Trotz der Kürze der Route ist die Orientierung nicht einfach.

Die Route
Man verlässt den Normalweg **4.1.1** am Beginn der Querung durch die Schnur und klettert über kleine Felsstufen immer etwas linkshaltend hinauf zum schwach ausgeprägten Westgrat. Über diesen zum Gipfel.

4.1.6 Abstecher auf die Kreuzspitze (2367 m) vom Kreuzspitzsteig

Da dieser Berg bei einem der Hochvogel-Normalwege überschritten wird, wurde er nicht gesondert aufgeführt.

5 min.	20 hm	0,1 km	T3–T4

Freuden
Ein aussichtsreicher Mitnahmegipfel.

Gefahren
Hat man es auf dem Kreuzspitzsteig bis knapp unter den Gipfel geschafft, so dürfte dieser selbst keine Probleme mehr darstellen.

Die Route
Man verlässt den Steig dort, wo vom Luitpold-Haus kommend die Querung durch die Ostflanke endet und steigt über die geröllbedeckte Südflanke zum Gipfel.

Weitere Routen im Kapitel Klettern

Exkurs: Hermann von Barth

Hermann von Barth, Freiherr von und zu Harmating wurde am 5. Juni 1845 auf Schloss Eurasburg in den bayrischen Voralpen geboren. Die **Natur fasziniert den Jungen** und so unternimmt er oft lange Wanderungen oder geht mit seinen Brüdern zur Jagd. Seine Strebsamkeit macht sich in all seinem Handeln bemerkbar und am Gymnasium gilt er als fleißiger Schüler. 1863 schreibt er sich an der Universität München zum Jurastudium ein.
Im Mai 1869 führt ihn seine Arbeit als Jurist nach Sonthofen. Sofort macht er sich daran **die Allgäuer Alpen zu erkunden**. 44 Gipfel erklimmt er zwischen Mai und September, davon waren drei noch nie bestiegen. Akribisch zeichnet er auch hier Gratverläufe und Wände auf. Besonders angetan hat es ihm die Hornbachkette, wo heute eine Alpenvereinshütte seinen Namen trägt. In seinem 1874 erschienenen Buch „Aus den Nördlichen Kalkalpen" berichtet er ausführlich über die Besteigung des Hochvogels über den Gletscher und die anschließende Biwaknacht auf dem Gipfel.

Da er sich von seinem juristischen Beruf nicht mehr ausgefüllt fühlt, beschließt Hermann wieder Student zu werden. Er will **seine Leidenschaft, die Naturwissenschaft**, nun zur Gänze zu seinem Lebensinhalt machen.

Das Interesse des angehenden Naturwissenschaftlers liegt nun im Schwarzen Kontinent. 1875 schreibt er an einer Publikation der Erschließungstätigkeit britischer Reisender in Ostafrika. Dieses Werk findet in der Fachwelt großen Anklang. Im Juni des Jahres 1875 schreibt er seine Doktorarbeit. Schon bald ergibt sich die Gelegenheit an einer Afrikaexpedition teilzunehmen. Die **„Geographische Gesellschaft München" schickt ihn nach portugiesisch Angola.**

Am 5. Juni 1876 trifft er in Sao Paolo de Loanda in Angola ein. Seine Reise ins Landesinnere endet abrupt, als Hermann von Barth schwer erkrankt. Durch **eine tropische Krankheit** gezeichnet, begeht er am 7. Dezember 1876 den Freitod durch einen Revolverschuss.

4.2 Weittalkopf (2289 m)

Dieser zwischen Kreuzkopf und -spitze gelegene Gipfel ist in den meisten Karten nicht erwähnt. Seine weglose Besteigung lohnt sich im Rahmen einer Überschreitung von Kreuzkopf und -spitze oder als eigenständiges, kurzes Ziel bei unsicherem Wetter.

4.2.1 Aufstieg vom Prinz-Luitpold-Haus

1 1/4 Std.	450 hm	1,5 km	T3 (1)

Freuden
Ein leichter, wegloser und stiller Gipfel.

Gefahren
Für wegloses Hochgebirge an sich recht harmlos. In den brüchigen Gipfelfelsen kann etwas Trittsicherheit nicht schaden.

Die Route
Von der Hütte steigt man auf dem Weg zur Kreuzspitze **(Route 4.1.2)** bis man in ca. 2250 m den Weg verlässt, um in die Scharte östlich des Gipfels aufzusteigen. Über den Grat nach rechts zum Gipfel.
Oder man verlässt den Weg zum Hochvogel schon dort, wo sich die Kaltwinkel- und die Kreuzspitzroute trennen und besteigt den Gipfel über seinen Nordgrat. Dabei sind kurze Kletterstellen im 1. Grad zu überwinden.

4.3 Kreuzkopf (2287 m)

Ein unauffälliger Gipfel im Hintergrund der Prinz-Luitpold-Hauses. Im Winter beliebtes Skitourenziel.

4.3.1 Aufstieg vom Prinz-Luitpold-Haus

1 1/4 Std	450 hm	1,5 km	T3

Freuden
Ein ruhiger Aussichtspunkt.

Gefahren
Für wegloses Hochgebirge bei gutem Wetter relativ harmlos.

Die Route
Man verlässt den Weg zum Hochvogel nach der Überquerung einer Wasserfassung in ca. 1950 m und steigt in Südrichtung über Geröll und meist noch über ein kleines Schneefeld in den schwach ausgeprägten Sattel östlich des Gipfels. Dieser wird über einen breiten Rücken erreicht.

4.3.2 Überschreitung Kreuzkopf – Kreuzspitze

1 Std	200 hm	1 km	T5 (2)

Freuden
Eine unberührte alpine Gratüberschreitung. Die leichteste im Bereich des Bärgündletales.

Gefahren

Die Gratüberschreitung kann fast überall abgebrochen werden. Für wegloses Hochgebirge relativ harmlos. Kurze brüchige Kletterstelle am Westgrat des Weittalkopfes.

Die Route

Vom Kreuzkopfgipfel über den Ostrücken sanft hinab, bis dieser sich verschärft und in leichter Kletterei (2) hinüber zum Weittalkopf. Weiter auf dem Grat Richtung Kreuzspitze. Bald versperrt ein steiler, rund 20 m hoher Felsklotz den Weg. Da seine Überkletterung den oberen 4. Grad aufweist, wird er in der Regel nordseitig durch steiles Geröll oder Schnee umgangen. Zurück auf dem Grat folgt man diesem in leichter Kletterei (1–2) zur Kreuzspitze.

4.4 Wiedemerkopf (2163 m)

Der geologisch interessante Hausberg des Prinz-Luitpold-Hauses bietet abwechslungsreiche Routen für Bergsteiger und Kletterer.

4.4.1 Der Klettersteig durch die Nordwestflanke

1 Std.	320 hm	1 km	T4–T5 (1)

Freuden
Von den Nahblicken her wohl der schönste Aussichtspunkt im Bärgündletal. Eindrucksvolle Felsschichtung.

Gefahren
Teilweise mit Drahtseilen versicherte Steiganlage. Dazwischen aber auch ungesicherte Kletterstellen im 1. Grad. Oft sehr ausgesetzt und bei Nässe gefährlich.

Die Route
Von der Hütte auf dem Weg Richtung Kemptner Hütte und Laufbacher Eck unter der Nordwand des Wiedemers hindurch, bis auf einen begrünten Rücken. Hier zweigt ein markierter Steig nach links ab und führt schräg hinauf zu der von steilen Felsstufen durchzogenen Flanke. Immer dem Weg folgend durch die West und Nordflanke hinauf zum Gipfel.

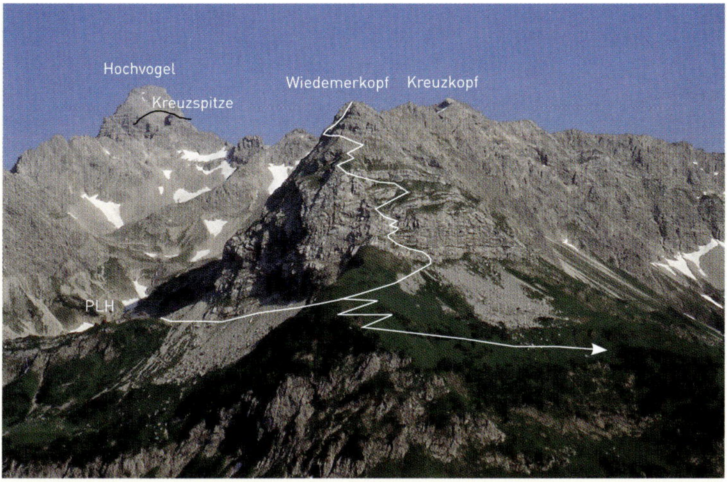

Ansicht von Westen

4.4.2 Vom Prinz-Luitpold-Haus durch die Ostflanke

1 Std.	320 hm	0,5 km	T6 (2)

Freuden
Die kaum mehr begangene Route der Erstbegeher führt durch die eigentümlichen Felsfaltungen der Ostflanke.

Gefahren
Steiles, brüchiges und heikles Schrofengelände mit Kletterstellen bis 2. Wer in solchem Gelände nicht reichlich Erfahrung hat, lebt hier gefährlich.

Die Route
Von der Hütte auf dem Weg zum Hochvogel, bis dieser erstmalig zu steigen beginnt. Hier nach rechts ansteigend und etwa bis dort, wo die senkrecht vom Grat abfallenden Felsfaltungen mit einem 90 Grad Bogen nach rechts in die Waagrechte umbiegen. Leicht rechts haltend durch Schrofen zu einem steilen Grashang und durch eine der von steilen Felsrippen begrenzten Rinnen zum Grat, der knapp südlich des Gipfels erreicht wird. Unschwierig nach rechts zum Gipfel.

4.4.3 Vom Prinz-Luitpold-Haus durch die Wiedemerrinne

1 Std.	320 hm	0,5 km	T5–T6 (1)

Freuden
Ein kurzweiliger, direkter Anstieg in unmittelbarer Hüttennähe.

Gefahren
Im Frühsommer ist die Firnrinne meist relativ harmlos zu begehen. Später im Jahr unangenehmes Geröll bzw. brüchige Steilschrofen auf der die Rinne begrenzenden Rippe. Die Querung vom Rinnenende zum Normalweg führt durch steilen Mergel hoch über den Abbruch der Nordwand und ist auch bei trockenen Verhältnissen schon heikel.
Bei Nässe oder Neuschnee – Finger weg!

Die Route
Von der Hütte durch die Rinne oder auf ihrer rechten Begrenzung hinauf bis zu deren Ende.Nun folgt eine heikle Querung über steiles Gras und brüchigen Mergel rechts hinüber zum Normalweg. Auf der versicherten Steiganlage weiter zum Gipfel.

4.4.4 Überschreitung Wiedemerkopf – Kreuzkopf

1–2 Std.	200 hm	1 km	T6 (2–3)

Freuden
Eine aussichtsreiche, abwechslungsreiche Gratüberschreitung in eindrucksvoller Felslandschaft.

Gefahren
Ausgesetzte Gratkletterei in teils festem, teils brüchigem Fels mit wenig Begehungsspuren. Eine Route an der Grenze zur Klettertour. Die Tatsache, dass die Schlüsselstellen kurz, und mit etwas Aufwand umgehbar sind, hat uns veranlasst hat die Tour noch in diesem Kapitel aufzunehmen.

Die Route

Vom Wiedemerkopf folgt man dem Gratverlauf über zahlreiche Schichtköpfe nach Südosten und gelangt bald an einen 8m hohen, senkrechten Abbruch, den man knapp rechts der Grathöhe durch Abklettern (Stelle 3) überwindet oder mit rund 50m Höhenverlust in der Westflanke umgeht. Weiter in ständigem Auf und Ab über den scharf gezackten Grat bis in die Scharte vor dem Kreuzkopf.

Hier kann man die Tour problemlos abbrechen, indem man durch eine Rinne nach Osten absteigt. Den sich in zwei steilen Aufschwüngen aufbäumenden Nordwestgrat des Kreuzkopfes kann man rechts auf der Bärgündletalseite umgehen, indem man durch ein System von Rinnen und Bändern in der Westflanke des Grates höher steigt, um ihn oberhalb der beiden Aufschwünge wieder zu erreichen. Oder man erklettert beide Aufschwünge direkt.

1. Aufschwung 3, 2. Aufschwung 4-

Danach ohne weitere Schwierigkeiten zum Gipfel.

Die Fuchskarspitzen von Westen

4.5 Fuchskarspitzen

Mit ihrer eigenartigen Schichtung und Faltung sind die Fuchskarspitzen die Schaustücke des Bergkranzes um das Prinz-Luitpold-Haus.

4.5.1 Vom Prinz-Luitpold-Haus auf die Nördliche Fuchskarspitze (2254 m)

1 Std.	420 hm	1,5 km	T3–4

Freuden
Ein von der Hütte gesehen sehr steiler Felsberg, der sich trotzdem leicht ersteigen lässt. Für den Abstieg bietet sich ein kurzer Klettersteig an (Helm !).

Gefahren
Aufstieg auf einem nicht markierten Weg mit viel losem Geröll. Wird über den kurzen Klettersteig abgestiegen, ist für Ungeübte ein Klettersteigset zu empfehlen.

Die Route
Von der Hütte auf dem Jubiläumsweg bis zu einer Geländekante in ca. 2000 m Höhe. Hier nach rechts dem nicht markierten Weg folgend über die von kleinen Felsstufen durchsetzte Nordwestflanke zum Gipfel.
Für den **Abstieg** bietet es sich an, den Klettersteig zu benutzen, der den Normalweg in 2100 m verlässt und durch den Sockel der Westwand zu den Einstiegen der Kletterrouten führt. Der Abzweig und das erste Stück bis zum Beginn des Drahtseiles sind rot markiert. Nach Erreichen des Geröllfeldes über dieses hinab zum Jubiläumsweg.

4.5.2 Vom Prinz-Luitpold-Haus auf die Südliche Fuchskarspitze (2314 m)

1,5 Std.	470 hm	2 km	T5 (1–2)

Freuden
Dem Schaustück des Luitpold-Hauses auf das Haupt zu steigen. Wohl der schönste Blick auf den Hochvogel.

Gefahren
Im Aufstieg nicht leicht zu findende Route durch eine steile, rinnenzerfurchte Flanke. Sind mehrere Personen unterwegs nicht zu unterschätzende Steinschlaggefahr.
Verfehlt man die ideale Route, welche kaum den 2. Grad erreicht, findet man sich schnell im 3er-Gelände wieder.

Die Route
Von der Hütte auf dem Weg zum Hochvogel bis in die Balkenscharte. Jenseits einem nicht markierten Pfad folgend zunächst leicht fallend, dann wieder steigend auf eine schräge, grasbewachsene Terrasse in der Ostflanke der Fuchskarspitze, bis etwa 50 m vor dem Ende der Terrasse. Von hier an dem Felssockel der Ostflanke hinauf zu einer Rinne (etwas links einer besonders tief eingerissenen Rinne), in welcher rote Punkte den Weg zum Gipfel weisen.
Achtung: die richtige Rinne ist nicht leicht zu finden. Auf rote Punkte in der Rinne achten!!!. Durch die Rinne hinauf bis zu deren Ende bei einem kleinen Türmchen mit Abseilhaken und Graffiti. Danach den Pfadspuren folgend leicht rechtshaltend über steile Schrofen zu dem hier ebenen und begrünten Südgrat empor.

Auf diesem gipfelwärts bis er steiler wird. Dann abermals in die Ostflanke ausweichen und durch eine Rinne steil hinauf zum Gipfelgrat. Die im Abstieg gut sichtbaren Markierungen erleichtern den Rückweg.

Weitere Routen im Kapitel Klettern

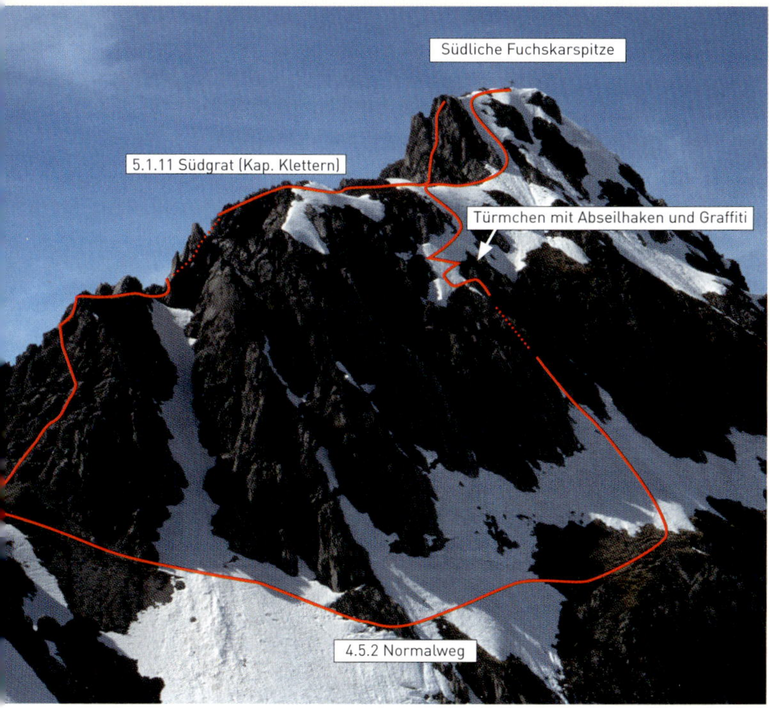

sicht von Südosten

4.6 Kesselspitze (2284 m)

Ein selten bestiegener, formschöner Gipfel südlich der Bockkarscharte.

Freuden
In Hüttennähe mal abseits vom Mainstream unterwegs zu sein.

Gefahren
Alles was es im unberührten Hochgebirge so gibt. Jedoch für alpin Erfahrene gut abschätzbar und in der Summe eher harmlos.

4.6.1 Aufstieg vom Prinz-Luitpold-Haus über die Bockkarscharte

1,5 Std.	450 hm	2 km	T5 (1–2)

Von der Hütte auf dem Jubiläumsweg in die Bockkarscharte (2164 m). Hier nach rechts an den steilen felsigen Nordgrat heran. Der erste Aufschwung wird rechts durch Schuttrinnen umgangen. Dann folgt man dem gestuften Grat bis zum steilen Gipfelbau. Dieser wird direkt erklettert (2) oder leichter westseitig umgangen.

4.6.2 Abstieg über die Süd- und Westflanke

Diese Route ist im Aufstieg ein Schuttschinder und daher nicht zu empfehlen. Als rascher Abstieg durchaus geeignet und daher auch nur so beschrieben.

Die Route

Vom Gipfel über die grasige Südflanke hinab, bis sie sich zu einem schmalen Felsgrat verengt. Hier wechselt man auf die Westseite und steigt durch Schuttrinnen hinab zum Jubiläumsweg.

4.6.3 Übergang von der Nördlichen Fuchskarspitze

0,5 Std.	100 hm	1 km	T6 (2)

Freuden

Eine wilde Gratkletterei ohne extreme Schwierigkeiten.

Gefahren

Überraschend luftiger Grat mit nicht immer festem Fels.

Die Route

Von der Nördlichen Fuchskarspitze folgt man dem zunächst breiten Grat nach Norden. Zunehmend ausgesetzter hinab in die Scharte zwischen beiden Gipfeln. Nun über die teilweise messerscharfe Gratschneide über zahlreiche kleine Türmchen hinweg, bis sich der Grat in der breiten Südflanke der Kesselspitze verliert. Im Gehgelände hinauf zum Gipfel.

4.7 Glasfelderkopf (2271 m)

Ein formschöner, geologisch interessanter Gipfel aus hellem Rätkalk.

Freuden

Ein leicht ersteigbarer Aussichtsberg.

Gefahren

Am schmalen Gipfelgrat ist Trittsicherheit erforderlich, ansonsten ziemlich harmlos.

Ansicht von Südwesten

4.7.1 Aufstieg vom Prinz-Luitpold-Haus

1 Std.	420 hm	2 km	T3

Die Route
Von der Hütte auf dem Jubiläumsweg in die Bockkarscharte (2164 m). Nun nach links auf einem nicht markierten Steig über Gras und Schrofen zum nahezu horizontalen Gipfelgrat. Ausgesetzt, aber unschwierig nach rechts zum höchsten Punkt.

4.7.2 Übergang vom Sattelkopf über die Lärchwand

2 Std.	300 hm	2 km	T5–T6 (1–2)

Freuden
Eine einsame, abwechslungsreiche Gratüberschreitung für erfahrene Bergsteiger

Gefahren
Einsame, abgelegene Gegend, schwierige Orientierung und sonst noch alles, was es im unberührten Hochgebirge so gibt, allerdings noch in erträglichem Maße.

Die Route
Man verlässt das nach Westen abfallende Gipfeldach des Sattelkopfes in Südrichtung und steigt in die Scharte vor dem wilden, nach Süden führenden Zackengrat ab. Die wilden Zacken werden zunächst östlich umgangen. Dazu verlässt man den Grat und steigt durch eine Rinne nach Osten ab, bis man unschwierig durch Schrofen knapp unter der Grathöhe nach Sü-

Übergang vom Sattelkopf zum Glasfelderkopf

den queren kann. Nach Umgehung der Zacken zurück zum zunehmend grasigen Grat, der steil aber gut gangbar zum Gipfel der Lärchwand (2187 m) führt. Fast waagrecht weiter bis an die Felsenkrone des Glasfelder Kopfes. Der erste Felsaufschwung wird in brüchigem Gelände nordseitig umgangen oder überklettert (eine kurze Stelle 3 im Abstieg) . Dann über die luftige, aber leichte Gratschneide zum Gipfel.

4.8 Sattelkopf (2097 m)

Freuden
Ein besonders liebenswerter Gipfel mit interessanten Anstiegen.

Gefahren
Einsames, wegloses Hochgebirge. Wer sich weit abseits von markierten Wegen nicht souverän zurecht findet, sollte die Finger von diesem Berg lassen.

4.8.1 Aufstieg vom Giebelhaus über den Nordwestgrat

3,5 Std.	1050 hm	4 km	T5 (1–2)

Die Route
Vom Giebelhaus auf der Fahrstraße ins Bärgündletal, bis kurz vor dem Ende der ersten Steigung in ca. 1120 m Höhe ein Fahrweg scharf links abzweigt. Diesem bis kurz vor seinem Ende folgen bis zu einer Lichtung, an deren Rand eine Jagdhütte steht.

Noch vor der Jagdhütte über eine Wiese rechts bergauf, bis man am Waldrand auf den sogenannten Reitweg trifft. Dieser führt zunächst als schmaler Pfad, später als breiter, deutlicher Weg in flachen Kehren durch Wald und Weide hinauf zur schlicht und einfach Sattel genannten Einkerbung zwischen Sattel- und Rosskopf, ca. 1700 m.
Nun quert man auf einem breiten Pfad an der Sattelhütte vorbei in das westlich des Gipfels gelegene Kar. Erst jetzt steigt man zur Grathöhe auf. Diese wird oberhalb der Latschenzone erreicht. Über eine Reihe kurzer Felsaufschwünge folgt man dem Grat bis zum Gipfel.

Sattelkopf von Nordwesten

4.8.2 Aufstieg vom Giebelhaus über die Westflanke

3,5 Std.	1050 hm	A B 4 km	T4

Die Route

Wie **4.8.1** in das Kar westlich des Gipfels bis in Gipfelfalllinie. Nun steigt man über geröllbedeckte Stufen in Richtung Gipfel auf, bis man oberhalb von steileren Felsen nach rechts in die Scharte zwischen dem Gipfeldach und dem obersten Turm des Westgrates steigen kann. Nach links unschwierig zum Gipfel.

Zugabe

Der oberste Turm im Westgrat (Sattelköpfle) lässt sich aus dieser Scharte auf einem kurzen, mit Drahtseil gesichertem Klettersteig ersteigen.

Weitere Routen im Kapitel Klettern

Sattelköpfle (li) und Sattelhütte

Exkurs: Die Eisenbergwerke und Waffenschmieden im Ostrachtal

Wer heute auf dem Reitweg über den Sattel oder durch das Erzbergtal zum Sattelkopf aufsteigt, glaubt sich vielleicht in einer unberührten Natur.
Dabei ist das Landschaftsbild, wie wir es heute sehen, durch jahrhunderte lange, intensive Nutzung durch den Menschen entstanden.
Im Jahre 1471 ließ Graf Hugo von Montfort-Rothenfels im Hintersteiner Tal Erzgruben eröffnen. Das Erz wurde im Tagebau in Gipfelnähe des 1820 m hohen Rosskopfes gewonnen. Das Erz wurde auf Schlitten oder eigens dafür hergestellten Traggestellen ins Tal zur „Schmelzhütte" transportiert. Mit Handhämmern wurde das Erz zerkleinert. Die nahegelegene Schlucht der Ostrach wird heute noch als Eisenbreche bezeichnet.
Das Erz muss wohl von ausgezeichneter Qualität gewesen sein. Im Ostrachtal entstand eine regelrechte Industrie und die dort hergestellten Schwerter, Hellenbarden und Spieße wurden im 16. Jahrhundert in ganz Europa vertrieben.
Für die Schmelzöfen wurden Unmengen an Holzkohle benötigt, was natürlich zu umfangreichen Rodungen führte. Die nun waldfreien Flächen wurden für die Alpwirtschaft genutzt. Noch heute ist die Alpe Erzberg eine der bedeutendsten Alpen im Ostrachtal. Im gesamten Erzbergtal findet man noch zahlreiche, teils aus dem Mittelalter stammende Wege, welche allerdings zunehmend verfallen.

4.9 Großer Wilder (2380 m)

Dieser mächtige Gipfel bildet mit der ganzjährig schneegefüllten Gamswanne den Talschluß des Bärgündletales. Nach Westen hin fällt der Berg mit gewaltigen Wänden ins Oytal ab, während nach Südosten nur mäßig steile, bis weit in den Sommer schneebedeckte Schrofenhänge ins Jochbachtal hinabziehen. Seine Überschreitung vom oder zum Prinz-Luitpold-Haus ist sehr lohnend. Der Verbindungsgrat zum Kreuzkopf wird in vielen Karten auch als Vorderer Wilder bezeichnet. Seine richtige Bezeichnung lautet aber Wilder Grat. Da mehrere Routen zum Beginn der Gipfelrouten führen, werden die Touren ab dem Verlassen der Höhenwege beschrieben.

Gewitterstimmung am Großen Wilden

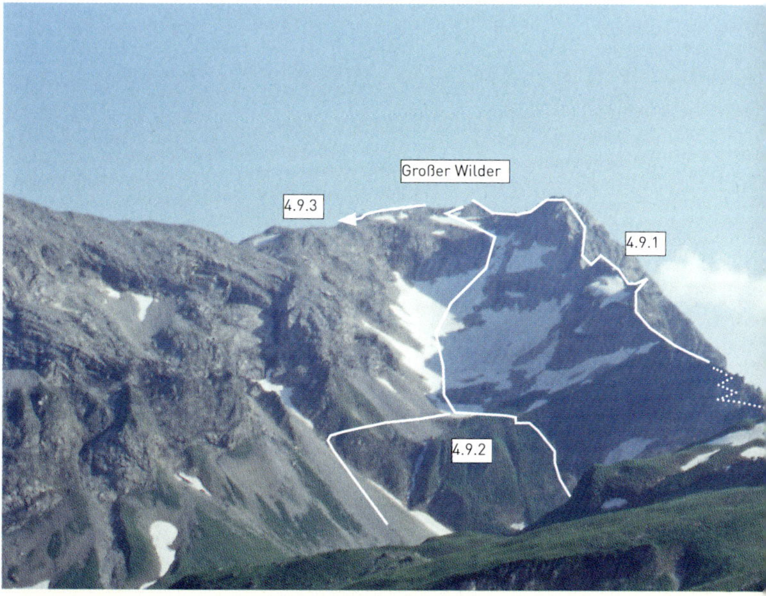

4.9.1 Vom Himmelecksattel über den Nordgrat

1 Std.	400 hm	1 km	T5–T6 (2)

Freuden
Eine leichte Gratkletterei, teilweise helfen Markierungen bei der Orientierung

Gefahren
Die ausgesetzte Kletterei und der steile Grashang zu Beginn sind ernst genug, um reine Wanderer in Schwierigkeiten zu bringen. Bei Nebel im Bereich der Gipfelhochfläche schwierige Orientierung.

Ansicht von Norden

Die Route

Vom Himmelecksattel nach Süden zum Beginn des Nordgrates. Die ersten Zacken werden rechts, westlich im steilen Gras auf deutlichen Pfadspuren umgangen. Nun stets dem Grat folgend über mehrer wenig ausgeprägte Köpfe hinweg zum Nordgipfel. Gelegentlich weisen Markierungen den besten Weg. Das Herzstück bildet eine rissdurchzogene Platte, welche (2) direkt erklettert wird.

Vom Nordgipfel über eine luftige Schneide hinab (1–2) in die Scharte vor dem Hauptgipfel und unschwierig über Geröll oder Schnee zum höchsten Punkt.

4.9.2 Durch die Gamswanne aus dem Bärgündletal

1,5 Std.	700 hm	2 km	T5
	ab Schönberg-Hütte		

Freuden
Das größte, permanente Schneefeld des Ostrachtales, welches sogar den Jahrhundertsommer 2003 überlebte.

Gefahren
Zu viele für alle, die nicht souverän mit weglosem Hochgebirge umgehen können. Der Einstieg in die Wanne führt über steiles Gras. Die Neigung des Firnfeldes beträgt kurzzeitig fast 45 Grad. Später im Jahr apert die Steilpassage aus, dann kommt brüchiger Fels zu Tage.Für den Abstieg nur bei weichem Schnee geeignet.

Die Route
Man verlässt den Weg zum Himmeleck in etwa 1800 m und gewinnt die Wanne, indem man rechts/westlich des Wasserfalls über steiles Gras direkt aufsteigt. Nun über Geröll und Schnee durch die Wanne empor aufs Gipfeldach.

4.9.3 Gratüberschreitung Großer Wilder – Wilder Grat – Kreuzkopf – Prinz-Luitpold-Haus

4 Std.	400 hm	5 km	T6 (2)

Freuden
Großartige Grattour über dem Talschluß des Bärgündletales. Eine der schönsten ihrer Art in den Allgäuer Alpen. In beiden Richtungen gleichsam lohnend.

Gefahren
Alles was es im unberührten Hochgebirge so gibt. Bei Auffinden der leichtesten Route nicht schwerer als 2. Der teilweise brüchige Fels und mögliche Verhauer fordern aber klettertechnische Reserven.

Die Route
Vom Großen Wilden über den breiten, begrünten Rücken leicht hinab, bis sich dieser zu einem scharfen Grat zusammenschnürt. Ein sich bald in den Weg stellender Turm wird nordseitig umgangen. Sobald als möglich zurück zum Grat und über eine Serie von Zacken, Köpfen und Spitzen dem Grat folgend zum Kreuzkopf. Gelegentlich ist ein Ausweichen, meist nordseitig, nötig. Man sollte jedoch möglichst der Grathöhe treu bleiben, da die Flanken sehr brüchig sind.
Auf eine detailgenaue Beschreibung wird verzichtet, da sich der Routenverlauf für den geübten Bergsteiger logisch ergibt und der Leser nicht mit einer endlosen Aufzählung von Türmchen, Bändern, Aufschwüngen usw. irritiert werden soll.
Vom Kreuzkopf auf Route **4.3.1** hinab zur Hütte.

Gratkletterei am Wilden Grat

4.9.4 Von Hinterhornbach auf den Großen Wilden

4 Std.	1300 hm	5,5 km	T4 - T5

Diese Route ermöglicht die Überschreitung des Berges vom Hornbach- ins Bärgündeltal und umgekehrt. Besonders lohnend ist es, dies in einen Zweitagesrunde einzubauen.

Freuden

Wildes, einsames Hochgebirge ohne technische Schwierigkeiten und die Möglichkeit die Gipfelbesteigung des Gr. Wilden in eine Rundtour einzubauen. Der leichteste Aufstieg auf den Großen Wilden.

Gefahren

Schon bei guter Sicht ist die Orientierung in der welligen und unübersichtlichen Südostflanke der Wildengruppe schwierig. Es gibt nur wenige, dürftige Pfadspuren. Bei schlechter Sicht dürfe es ohne GPS unmöglich sein, den richtigen Weg zu finden. Dies gilt besonders für den Abstieg, falls man die Route nicht vom Aufstieg her kennt.

Die Route

Von der Jochbachbrücke in Hinterhornbach folgt man dem Weg durch das Jochbachtal Richtung Hornbachjoch bis zur Einmündung des Wildentales. Die wellige Wildenhochfläche bricht hier mit latschenbewachsenen Steilstufen ins Jochbachtal ab. Wenige Meter der Einmündung des Wildentales verlässt man den Talboden um über die Steilstufe auf die Hochfäche zu steigen. Man folgt dem Wildenbach bis zu einem Wasserfall. Kurz vor diesem zieht von links her eine erdige Rinne herab. Durch diese zwischen den Latschen hindurch auf die Hochfläche und beliebig weiter zum Gipfel.

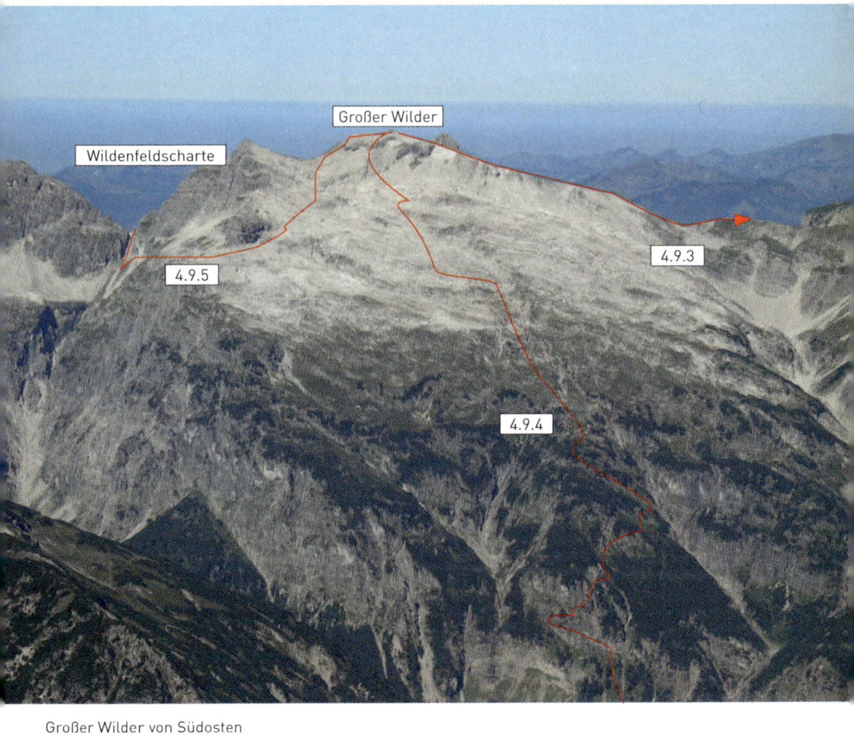

Großer Wilder von Südosten

4.9.5 Abstieg vom Großen Wilden über die Wildenfeldscharte

2 Std.	50 hm	2 km	T5

Diese Route ist etwas schwieriger als **4.9.4** jedoch ist die Orientierung ein klein wenig leichter.

Freuden
Ein interessanter Abstieg vom Großen Wilden ins Oytal.

Gefahren
Schon bei guter Sicht ist die Orientierung in der welligen und unübersichtlichen Südostflanke der Wildengruppe schwierig. Es gibt nur wenige, dürftige Pfadspuren. Bei schlechter Sicht dürfe es ohne GPS unmöglich sein, den richtigen Weg zu finden. Brüchige Steilschrofen beim kurzen Gegenanstieg zur Wildenfeldscharte.

Die Route
Man folgt dem Grat vom Gipfel nach Süden bis in eine markante Einschartung. Der Südgipfel wird leicht fallend, nordostseitig umgangen um eine Schulter auf dessen Ostrücken (P. 2239 der AV Karte) zu erreichen. Unter den Gipfelwänden des Südgipfels steig man nun über schrofige Bänder ab, bis man sich in Falllinie der Wildenfeldscharte befindet. Durch eine steile Rinne zu ihr hinauf und jenseits über Geröll auf teils markierten Pfadspuren hinab zum Wildenfeldhüttchen.

4.10 Schneck (2269 m)

Dieses, vom Bärgündletal so eindrucksvolle Felshorn lässt sich leichter ersteigen, als es zunächst den Anschein hat. In seiner Ostwand wurde Klettergeschichte geschrieben.

4.10.1 Aufstieg vom Himmelecksattel

1 Std.	260 hm	1 km	T5 (1–2)

Freuden
Eine verhältnismäßig leichte Route auf einen eigentümlichen Berg. Seine Flanken sind eine Fundgrube botanischer Seltenheiten.

Gefahren
Bis zum Vorgipfel relativ ungefährlich. Der Übergang zum Hauptgipfel verlangt leichte Kletterei an einer sehr ausgesetzten Schneide.

Die Route
Vom Himmelecksattel auf einem nicht markierten Steig nach Norden zum grasigen Vorgipfel (2250 m) bis hierher völlig unschwierig, aber Vorsicht bei Nässe.
Nun hinab in den Sattel vor dem Hauptgipfel und in leichter Kletterei über die extrem luftige Gratschneide zum Gipfel.

Weitere Routen im Kapitel Klettern

4
BERGTOUREN & GIPFELBESTEIGUNGEN

Der Schneck

Exkurs: Das Edelweiß – Leontopodium Alpinum

ist wohl die bekannteste Alpenblume. Es erscheint in Wappen und Emblemen zahlreicher Organisationen, die irgendwie mit den Alpen in Verbindung stehen. So findet man es im Logo des Deutschen und Österreichischen Alpenvereins, auf den Mützen der Gebirgsjäger, auf den österreichischen Zwei-Cent-Münzen und als Name für zahlreiche Hotels und Gasthäuser. Anfang und Mitte des 20. Jahrhunderts durfte in kaum einem Heimatfilm die Szene fehlen, in der ein schneidiger Bursche unter Lebensgefahr seiner Liebsten ein Edelweiß aus der Wand holte. So blieb es nicht aus, dass jeder Urlauber ein Edelweiß als Andenken seiner Heldentaten nach Hause mitbringen musste. Dieser Kult brachte die Pflanze fast zum Aussterben. Die von Einheimischen geraubten Edelweiß wurden am Oberstdorfer Bahnhof an zahlungskräftige Touristen verkauft. Dank des Einsatzes der Allgäuer Bergwacht und auch mangelnden Interesses der Bergsteiger am Blumenraub haben sich die Bestände im Allgäu wieder erholt. Der botanische Name des Edelweiß kommt aus dem Griechischen **(leon = Löwe, podion = Füßchen)**.

Die Pflanze erreicht eine Höhe von drei bis zwanzig Zentimeter. Die Blüte ist nur eine Scheinblüte. Die Schaufunktion entsteht durch die dicht weißfilzigen Hochblätter, die eigentlichen Blüten sitzen zu vielen Hunderten inmitten des Sterns beisammen. Der blendend weiße Schimmer auf den Hochblättern entsteht dadurch, dass tausende kleine Luftbläschen an dem vielfach durcheinander gewirkten, krausen Haar das einfallende Licht reflektieren. Das Edelweiß findet sich auf steinigen Wiesen, Kalksteinfelsen, seltener auf Almwiesen, ist ungleichmäßig verteilt und bevorzugt felsige Kalksteinumgebung auf Höhen zwischen 1800 und 3000 Meter. Erwähnenswert ist, dass das Edelweiß gar keine echte Alpenpflanze ist, sondern nach der letzten Eiszeit aus den asiatischen Steppen eingewandert ist.

4.11 Rotköpfe (2194 m)

Eine dreigipfelige, begrünte Gratschneide zwischen Schneck und Laufbacher Eck, an der die meisten respektvoll vorbeiziehen. Mit gutem Grund, denn diese Berge eignen sich nur für Leute, welche sich souverän im Steilgras bewegen können.
Ebenso wie am Schneck sind seine Flanken die Heimat unzähliger Bergblumen.
Die Schneide zwischen Mittel- und Südgipfel wird „Hoachritar" (Hochreiter) genannt.

4.11.1 Überschreitung der Rotköpfe vom Laufbacher Eck

	1 Std.	50 hm	2 km	T6 (2)	

Freuden
Ein Gang auf einer blumengeschmückten „Messerschneide".

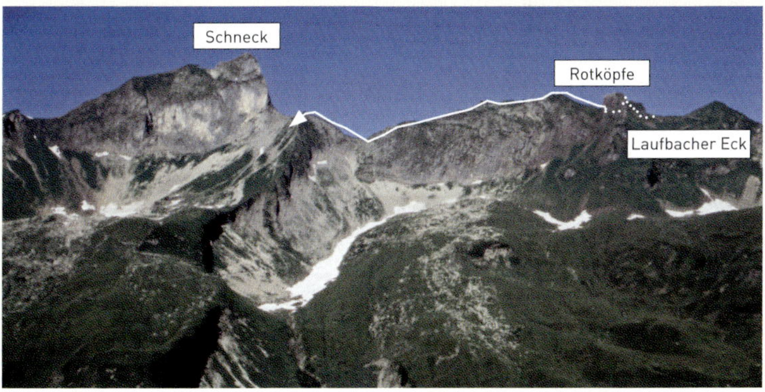

Ansicht von Osten

Gefahren

Steilstes Gras und brüchiger Fels sorgen dafür, dass wenige der ohnehin nicht zahlreichen Aspiranten dieser Tour die Überschreitung vollenden. Wer sich in diesem Gelände nicht souverän bewegen kann, sollte die Bergblumen und die Höfats vom Laufbacher Eck aus bewundern.

Die Route

Vom Laufbacher-Eck-Sattel etwas rechts des Grates durch eine aus dunkelrotem Fels gebildete Rinne, dann über steiles Gras zum Nordgipfel. Westseitig über steiles Gras hinab und unschwierig auf dem Grat zum Mittelgipfel.

Nun über eine äußerst exponierte und luftige Schneide aus teils brüchigem Fels zum Südgipfel. Von diesem auf dem nun zahmeren Grat bis unter die Nordwand des Schnecks. Hier verläßt man den Grat und steigt unter der Schneck-Ostwand hindurchquerend zum Verbindungsweg Laufbacher Eck – Prinz-Luitpold-Haus ab.

Laufbacher Eck (li) und Nördlicher Rotkopf (re)

4.12 Salober (2088 m), Bärgächtle (2006 m) und Giebel (1949 m)

Diese drei Gipfel im Grat nördlich des Laufbacher Ecks werden selten bestiegen. Der markant das oberste Ostrachtal überragende Giebel ist ein besonders schöner Aussichtspunkt. Die Flanken des Grates beherbergen viele botanische Seltenheiten.

Andere Routen zum Giebel, als die nachstehend beschriebene, sollten aus Gründen des Naturschutzes nicht begangen werden.

Gratübergang vom Giebel zum Salober

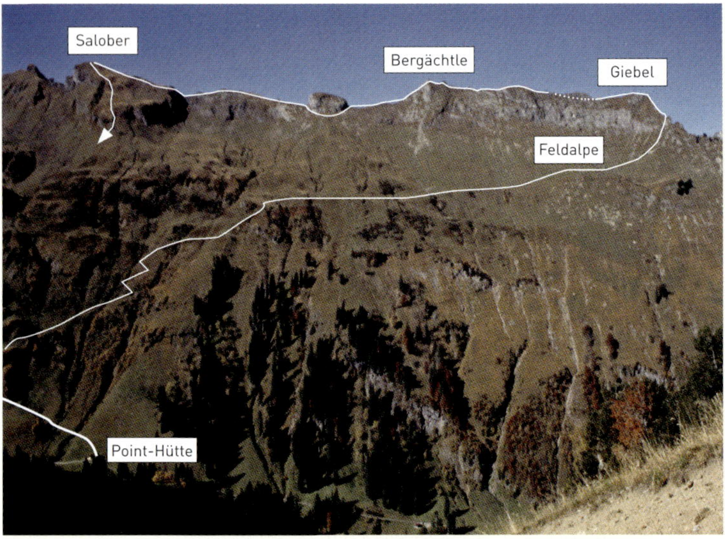

Ansicht von Osten

4.12.1 Aufstieg vom Giebelhaus zum Giebel

3 Std.	900 hm	6 km	T5

Freuden
Ein stiller Weg auf eine blumengeschmückte Aussichtskanzel.

Gefahren
Keinerlei Markierungen erleichtern die Routenfindung. Der Schlussanstieg führt über Steilgras. Wer damit nicht reichlich Erfahrung hat, sollte die Finger vom Berg lassen.

Die Route
Vom Giebelhaus auf der Fahrstraße zur Pointhütte im Bärgündletal. Hinter dieser zweigt ein guter, aber nicht markierter Weg

rechts ab, welcher steil zur Klammhütte und weiter zur Feldalpe (1746 m) unter der Giebel-Ostflanke führt. Über einen sehr steilen Grashang direkt hinauf zum Gipfel. Achtung: Es ist der Bau eines Alpweges zur Feldalpe geplant, so dass sich bis dorthin Änderungen auf der beschriebenen Route ergeben können.

4.12.2 Gratübergang vom Giebel zum Salober

3 Std.	400 hm	2 km	T6 (2)

Freuden
Ein Gang auf einer blumengeschmückten „Messerschneide".

Gefahren
Steilstes Gras, brüchiger Fels sorgen dafür, dass wenige der ohnehin nicht zahlreichen Aspiraten dieser Tour die Überschreitung vollenden. Wer sich in diesem Gelände nicht souverän bewegen kann, sollte die Bergblumen und den Tiefblick ins Ostrachtal vom gegenüberliegenden Glasfelderkopf aus bewundern.

Die Route
Vom Giebel über den schmalen Grat nach Süden, bis dieser ungangbar wird. Nach kurzem Ausweichen in die sehr steile Westflanke zurück auf den Grat und weiter zum grünen Doppelgipfel des Bärgächtles. Über eine plattige, schrofige Felsschneide hinab. Die folgende, sich steil aufbäumende Erhebung wird ostseitig umgangen. Zurück am Grat unschwierig weiter bis zum Gipfel des Salobers. Dieser bricht nach Süden überhängend ab, so dass die Gratüberschreitung hier abgebrochen werden muss. Man steigt durch die steilgrasige Ostflanke direkt zum Verbindungsweg Klammhütte-Feldalpe ab. Auf diesem weiter hinab zur Pointhütte.

Exkurs: Der Steinadler

Der Steinadler ist nach dem viel selteneren Bartgeier der zweitgrößte Greifvogel der Alpen. Sein Gewicht beträgt bis zu 6,6 kg, seine Spannweite bis zu 2,3 m. Bei erwachsenen Tieren ist die Gefiederfärbung einheitlich dunkelbraun, nur der Oberkopf und er Nacken sind goldgelb, was seinen englischen Namen golden eagle erklärt. Seine Horste baut er stets unterhalb seiner Jagdgebiete, damit er seine Beute (u.a. Murmeltiere, Hasen, aber auch junge Gämsen) nur bergab transportieren muss. Als Horststandorte wählt der Adler meist geschützte Felsnischen, seltener Bäume.
Zwischen März und April legt das Weibchen meist zwei Eier, aus welchen Ende April/Anfang Mai die Jungen schlüpfen. Im Alter von 70 bis 80 Tagen sind die Jungvögel flugfähig und verlassen den Horst. Bis zur Geschlechtsreife (vier bis fünf Jahre) streifen dann die Jungvögel umher, um sich eine neues Revier zu suchen. Hat der Adler eine Partnerin gefunden, bleiben sie sich ein Leben lang (bis zu 30 Jahren) treu. Nach der beinahen Ausrottung des Adlers im letzten Jahrhundert hat sich der Bestand im Alpenraum glücklicherweise wieder erholt, so dass der Adler heute nicht mehr akut vom Aussterben bedroht ist.
In unserem Gebiet befinden sich Horststandorte im unteren Bereich der Giebel-Nordwand. Der Landesbund für Vogelschutz unterhält neben dem Giebelhaus einen Stützpunkt, von wo aus man die Adler in ihrem Horst mit dem Fernglas beobachten kann und auch weitere wissenswerte Dinge über die Tier- und Pflanzenwelt der Region erfährt. **www.steinadlerschutz.de; www.allgaeuer-hochalpen.de**

Übrigens: Aus dem bayerischen und dem Bundesnaturschutzgesetzt ergibt sich, dass die Annähung an Adlerhorste verboten ist. Als Annähung wird die sogenannte Stördistanz von ca. 500 m angesehen.

Steinadler Jungvogel

4 BERGTOUREN & GIPFELBESTEIGUNGEN

Blick über den Himmelecksattel hinweg zur Höfats und ins Lechquellengebirge

4
BERGTOUREN & GIPFELBESTEIGUNGEN

4.13 Großer Roßzahn (2356 m) und Klupperkarkopf (2355 m)

Diese beiden Gipfel zählen zu den abgelegensten Bergen der Allgäuer Alpen. Ihre Überschreitung vom Prinz-Luitpold-Haus ins Lechtal stellt eine interessante Route für jene, die sich ohne Weg und Steg im unberührten Hochgebirge zurechtfinden.
Wegen der mühsam zu begehenden Geröllfelder lohnt sich die Tour besonders im Frühsommer, wenn diese noch schneebedeckt sind.

4.13.1 Aufstieg vom Prinz-Luitpold-Haus

4 Std.	1000 hm	6 km	T6 (1–2)

Freuden
Einsame Gipfel für Individualisten.

Gefahren
Alles was es im einsamen, unberührten Hochgebirge so gibt. Der Fels ist an vielen Stellen nicht nur wenig abgeklettert, sondern auch in der Substanz brüchig.

Die Route
Vom Prinz-Luitpold-Haus über die Balkenscharte und den Kalten Winkel in den Fuchsensattel **(vergl. 2.2)**. Vom Sattel über eine begrünte Kuppe hinab in die erste Scharte im langen Westgrat des Klupperkarturmes. Hier durch eine Rinne nach Norden hinunter ins Klupperkar. Mühsam durch das geröllbedeckte Kar hinauf in etwa auf den Gipfel des Klupperkarturmes zuhaltend, bis man unter seiner Gipfelwand nach links hinüber in die Scharte zwischen Klupperkarkopf und Gr. Roßzahn queren kann.

Großer Roßzahn (li) und Klupperkarkopf (re) von Westen

Zum Klupperkarkopf folgt man nun dem Grat nach Süden, umgeht dabei einen Augzahn genannten, kreuzgeschmückten Felsturm, bis man auf brüchigen Bändern ostseitig unterm Gipfelbau hindurchqueren kann. Eine brüchige Rinne leitet hinauf auf die breite Gipfelkuppe.
Zum Roßzahn folgt man dem Grat über einige Felsköpfe, bis nach etwa 30 Höhenmetern abschüssige grasige und geröllbedeckte Bänder auf der Ostseite unter dem Gipfelbau hindurchleiten. Durch eine steile, kaminartige Rinne hinauf zum Grat, der wenige Meter nördlich des Gipfels erreicht wird.

4.13.2 Abstieg durchs Roßkar ins Lechtal

4 Std.	12 km	T5 (1-2)

Großer Roßzahn von Nordost

Die Route
Am besten folgt man im Abstieg dem Nordgrat des Großen Roßzahnes (1–2), meist Gehgelände, bis in die Scharte vor dem Kleinen Roßzahn. Hier verlässt man den Grat, um nach Osten ins Roßkar abzusteigen. Dieses kann natürlich auch im direkten Abstieg aus der Scharte zwischen Klupperkarkopf und Gr. Roßzahn erreicht werden. Durch das Kar hinab, bis man in ca. 1300 m auf Pfadspuren nach rechts zu einer Forststraße queren kann. Auf dieser durch das Schwarzwassertal hinaus, wahlweise nach Weißenbach, Stanzach oder Vorderhornbach.

4.13.3 Aufstieg über den Westgrat des Klupperkarkopfes

3 Std.	400 hm	1,5km	T6 (3)	E6

Dieser Grat soll nur kurz erwähnt werden, weil er in älteren Beschreibungen **(Alpenvereinsführer)** als zu leicht dargestellt wird. Er eignet sich kaum für eine Besteigung des Klupperkarkopfes oder auch als Zugang zum Klupperkarturm (siehe Klettern). Der Fels ist maßlos brüchig und die Sicherungsmöglichkeiten sind schlecht. Dies gilt besonders für den Mittelteil, wo nach einem leichten Gratstück ohne vernünftige Sicherungsmöglichkeit in eine Scharte abgestiegen werden muss, um im Anschluss einige splittrige Türme zu überklettern. Der obere Gratteil, also die letzten 100 Höhenmeter, weisen besseren Fels auf. Man erreicht ihn vom Normalweg aus, indem man in etwa 2200m nach Süden zum Grat aufsteigt und diesem bis zum Gipfel treu bleibt.

Mit Ausnahme des letzten Gratstückes raten wir von einer Begehung dieser Route ab.

Großer Roßzahn (li) und Klupperkarkopf (re) von Nordwesten

Alpine Klettertouren und Klettergärten

Ganz gleich, ob man bestens gesicherte Sportkletterrouten oder großzügige, selbst abzusichernde Alpinrouten sucht: Die Berge rund ums Prinz-Luitpold-Haus haben dem Kletterer zahlreiche Touren verschiedenster Art zu bieten.
Je nach Art und Charakter der Touren werden diese mit genauen Topos oder verbaler Beschreibung dargestellt. Des Weiteren wird eine Empfehlung über das mitzuführende Material gegeben.

Kristian Rath am Wiedemersockel

5.1 Routen an den Fuchskarspitzen

Die Nördliche Fuchskarspitze ist **der Kletterberg** der Region. Sechs Routen im meist großgriffigen Hauptdolomit führen durch seine Westwand. Ab Mittag klettert man dort in der Sonne. Der Hauptgipfel des Massives, die Südliche Fuchskarspitze, spielt im Klettergeschehen nur eine untergeordnete Rolle.
Der Verbindungsgrat zwischen beiden Gipfeln stellt eine klassisch schöne Gratkletterei dar. Der „Madonna" genannte Zacken in der Mitte des Grates wartet in seiner Ostwand mit zwei kurzen Routen in exzellentem Fels auf.

5.1.1 Zustieg zu den Westwandrouten an der Nördlichen Fuchskarspitze

	30 min.	150 hm

Auf dem Jubiläumsweg bis etwa 1950 m aufsteigen und über ein Geröllfeld nach rechts zum Einstieg

5.1.2 Abstieg von der Nördlichen Fuchskarspitze

Vom Gipfel auf einem Pfad über die geröllbedeckte Nordwestflanke hinab. In ca. 2100 m zweigt ein kurzer Klettersteig nach links ab, der zu den Einstiegen zurückführt. Oder gerade über die Flanke hinab zum Jubiläumsweg. Siehe auch **4.5.1**

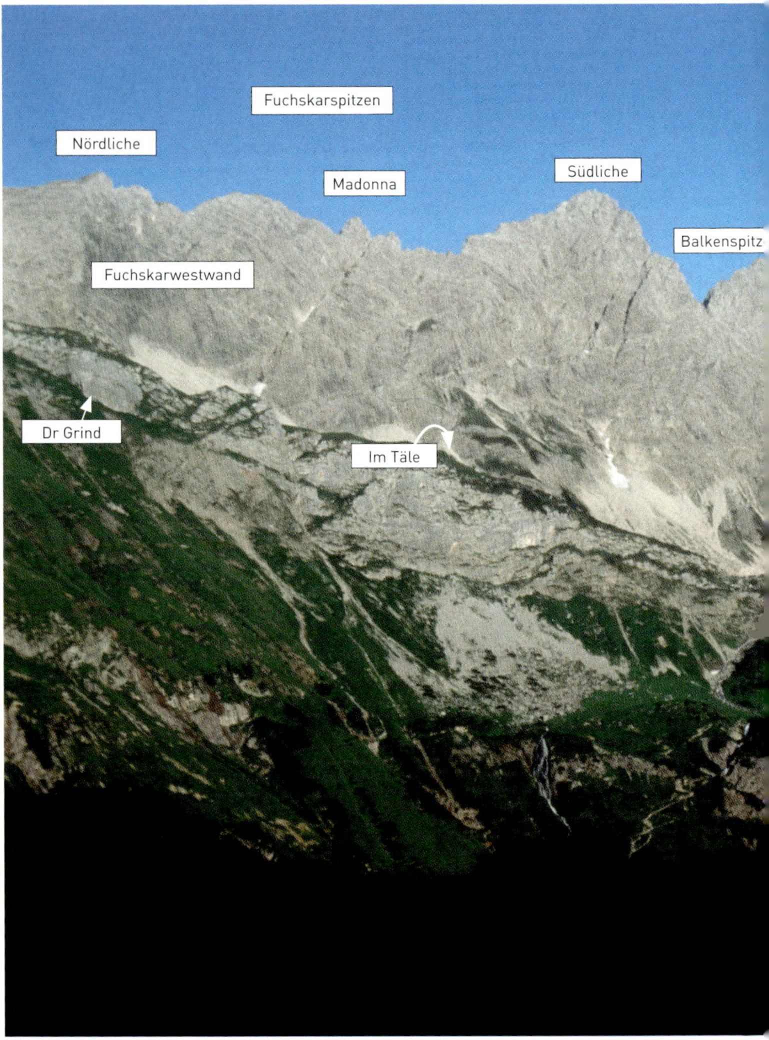
Fuchskarspitzen
Nördliche
Madonna
Südliche
Balkenspitz
Fuchskarwestwand
Dr Grind
Im Täle

Hochvogel
Wiedemerkopf
Nordwand
Wiedemersockel
zur Gabler Führe
Wiedemerplatte

5 ALPINE KLETTERTOUREN & KLETTERGÄRTEN

Kletterrouten an der Nördlichen Fuchskarspitze

5.1.6
5.1.7
5.1.6
5.1.8
5.1.4.1
5.1.6
.4
5.1.5

5.1.3 Schwarze Wand

5+ (4+ obligatorisch)	E2	8 SL / 230 m	8	Nein	Nein	W

Nach dem splittrigen Sockel erwartet einen eine schöne, abwechslungsreiche, bestens abgesicherte Genusskletterei in festem, grobgriffigem Hauptdolomit. Nach Regen lange nass. Nach der dritten SL kann die Tour unschwierig nach links zum Normalweg verlassen werden. Im Zuge der Sanierungsarbeiten der Tour wurden die Routenführung der 6. und 8. SL in festen Fels verlegt. Erstbegeher: Wechs/Götel/Groß 1929

5.1.4 Wiederholungsaufgabe

6- (5+ obligatorisch)	E1-2	8 (9) SL / 225 m	10	Nein	Nein	W

Diese von Andrea Müller, Tobias Burger und Kristian Rath 1996/97 eingerichtete Tour entwickelte sich rasch zur beliebtesten Tour an den Fuchskarspitzen. Die Route nützt die höchste Wandhöhe aus und leitet in idealer Linie zum Gipfel. Es handelt sich um keine echte Neutour, sondern um eine ideale Verknüpfung von Varianten und Verhauern der Schwarzen-Gelben und Direkten Westwand. Gleichzeitig wurde von Patrick Jost und Tobias Wechs eine etwas anspruchsvollere Linie durch den zentralen Wandteil gelegt. Siehe **5.1.4.1**

5.1.4.1 Wiederholungsaufgabe / Direkte Route

6+ obligatorisch	E2	8 SL / 210 m	10	Nein	Nein	W

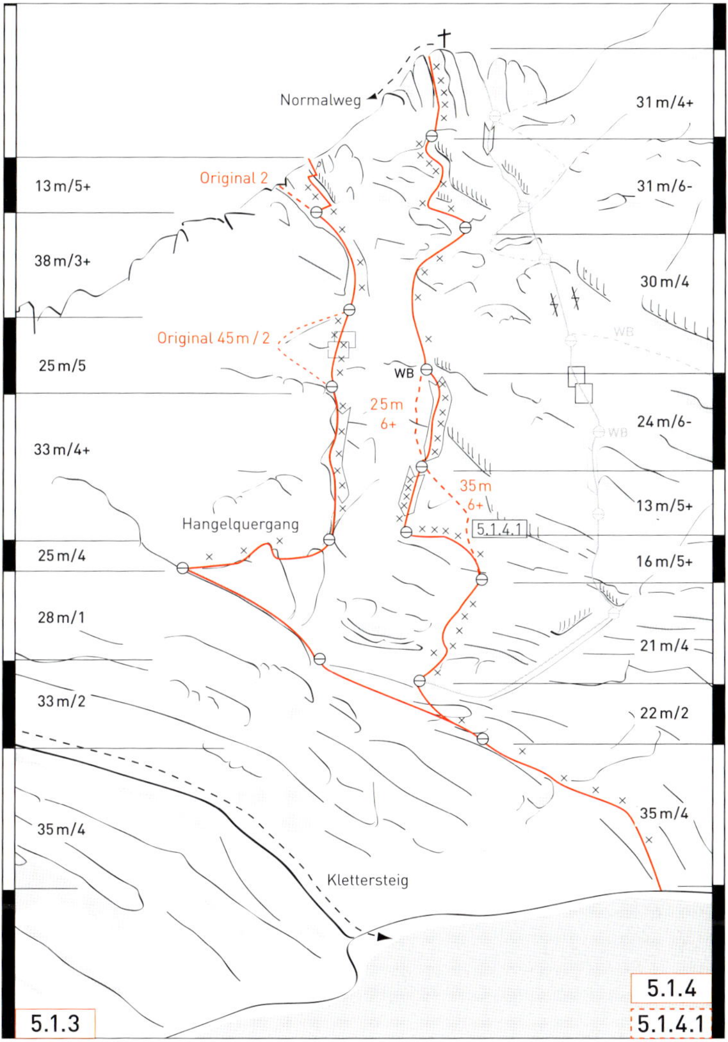
Normalweg
Original 2
13 m/5+
38 m/3+
Original 45 m / 2
25 m/5
WB
25 m
6+
33 m/4+
35 m
6+
5.1.4.1
Hangelquergang
25 m/4
28 m/1
33 m/2
35 m/4
Klettersteig
31 m/4+
31 m/6-
30 m/4
WB
24 m/6-
WB
13 m/5+
16 m/5+
21 m/4
22 m/2
35 m/4
5.1.3
5.1.4
5.1.4.1

5.1.5 Direkte Westwand

7-	E2	9SL/240m	10	Nein	Nein	W

Die anspruchsvollste Route in der Westwand wurde am 17.09. 1947 von Sepp Uth, Herbert Kling und Franz Breiter erstbegangen. Ob sie genau der heute üblichen Route folgten oder ob sie über Teile der heutigen Wiederholungsaufgabe geklettert sind, konnte nicht recherchiert werden. Im Jahr 1985 wurde von Thomas Schuh und Martin Ueth in etwa die heutige Route geklettert. Dabei spendeten sie ein Wandbuch in die bereits vorhandene Kassette und setzten einige Stichtbohrhaken. 1996 verlegte Stefan Eckel die Schlüsselseillänge aus einer meist nassen Verschneidung in den daneben liegenden großgriffigen, überhängenden Fels.

5.1.6 Gelbe Wand

5+ (4+ obligatorisch)	E2-3	8SL/240m	10	ja	Nein	W

Diese interessante Route mit mehreren Varianten wurde von Willi Wechs und Franz Tröndle 1934 erstmals begangen. Die heutige sanierte Route folgt im Groben der auch „Führerweg" genannten Route der Erstbegeher. Nur im oberen Drittel wurde die Route in schwereren, aber besseren Fels verlegt.
Vom Gesamteindruck etwas „alpiner" als die benachbarten Touren.

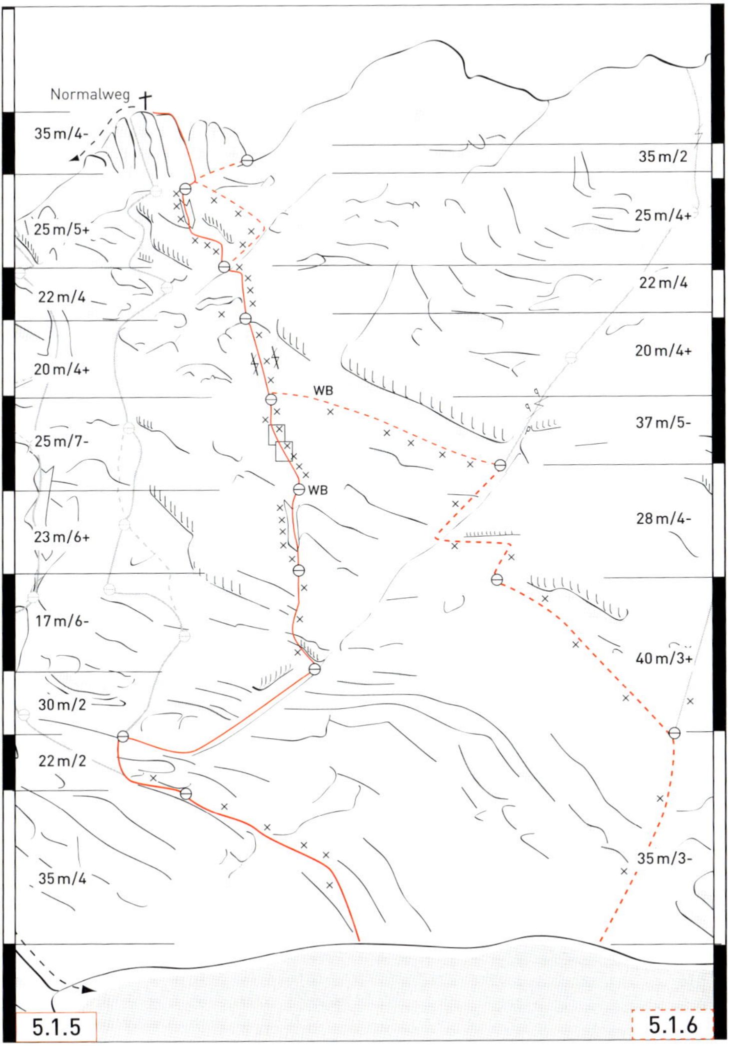
Normalweg
35 m/4-
25 m/5+
22 m/4
20 m/4+
25 m/7-
23 m/6+
17 m/6-
30 m/2
22 m/2
35 m/4
WB
WB
35 m/2
25 m/4+
22 m/4
20 m/4+
37 m/5-
28 m/4-
40 m/3+
35 m/3-
5.1.5
5.1.6

5.1.7 Direkte Gelbe Wand

6	E4	6SL/200m	10	ja	ja	W

Diese von Toni Stolze und Jäger 1934 erstmals begangene Route verlässt die Gelbe Wand vor dem markanten Linksquergang und erreicht in direkter Linie den Gipfelgrat. Die Route ist nicht saniert und das vorhandene Hakenmaterial ist schlecht. Die Schlüsselstelle wurde früher auch mit 5 A0 bewertet, was heute jedoch mit dem vorhandenen Hakenmaterial fraglich erscheint.

5.1.8 Westverschneidung

3+	E1–2	4 (5SL)/230m	8	evtl.	Nein	W

Der verhältnismäßig häufig begangene Klassiker war die erste von Willi Wechs 1929 eröffnete Tour an diesem Berg. Die Routenfindung ist leicht und führt meist über plattige Felsstufen und eine kaminartige Verschneidung in einen Geröllkessel unterhalb des Gipfelgrates. Die Route ist anfängertauglich saniert.

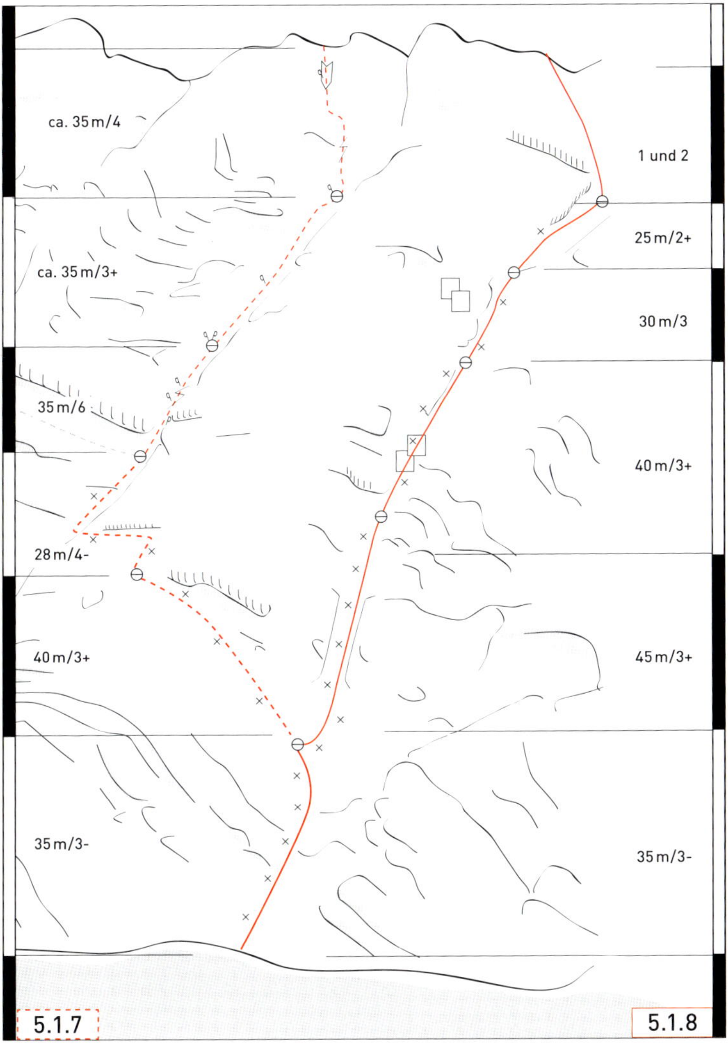
ca. 35 m/4
ca. 35 m/3+
35 m/6
28 m/4-
40 m/3+
35 m/3-
1 und 2
25 m/2+
30 m/3
40 m/3+
45 m/3+
35 m/3-
5.1.7
5.1.8

5 ALPINE KLETTERTOUREN & KLETTERGÄRTEN

Bene Marte in der **Wiederholungsaufgabe/Direkte Route.**

ALPINE KLETTERTOUREN & KLETTERGÄRTEN 5

Bene Marte in der **Wiederholungsaufgabe**.

5.1.9 Überschreitung vom Nord- zum Südgipfel

3+ (meist 2)	E3	8	evtl.	Nein	

Diese alpine Gratkletterei wurde im Jahre 1898 von Josef Enzensperger und Max Madlener erstmals begangen. Sie ist in Nord-Süd- als auch in Süd-Nord-Richtung gleichsam lohnend. In beiden Richtungen sind jeweils zwei Stellen im 3. Grad im Abstieg zu überwinden. Die Abseilstellen sind mit Klebebohrhaken eingerichtet. Bei kompletter Seilsicherung mit Zu- und Abstieg unter Umständen ein tagesfüllendes Unternehmen. Die Orientierung ist nicht immer einfach. Die Felsqualität wechselt von fest und kompakt bis zu sehr brüchig.

Nördliche- und Südliche Fuchskarspitze

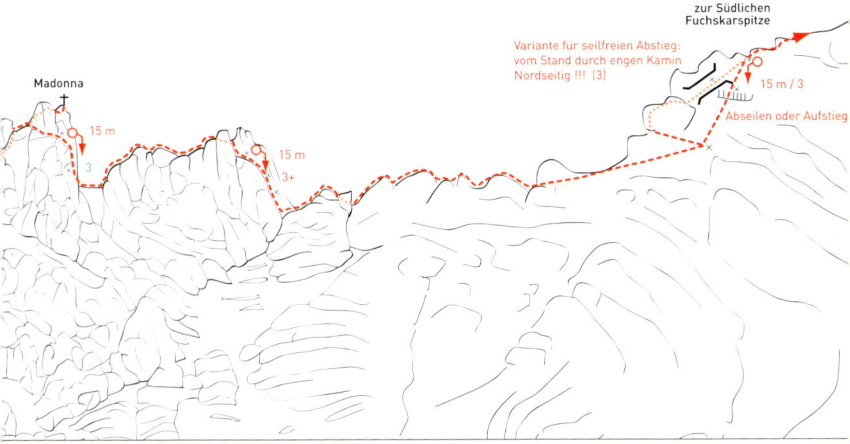

5.1.10 Westgrat der Südlichen Fuchskarspitze

4- (meist 2–3)	E3	3–4 SL / 100 m	5	ja	Nein	W

Diese kurze reizvolle Kletterei zeichnet sich durch meist guten Fels, bequeme Stände und ihre landschaftliche Schönheit aus. Der Weg zum Einstieg stellt jedoch das Orientierungsvermögen auf eine kleine Probe. An den schwierigsten Stellen stecken Bohrhaken. Ansonsten lässt sich in dieser Tour das selbstständige Absichern sehr gut üben. Ideal für Kletterkurse.

Zustieg
Vom Prinz-Luitpold-Haus auf dem Weg in Richtung Hochvogel, bis unterhalb der Balkenscharte der Weg zur Kreuzspitze abzweigt. Hier nach links weglos über Gras bis an die rinnenzerfurchte Südwestflanke der Fuchskarspitze heran. Durch eine der Rinnen empor zum Einstieg.
Oder: Man folgt dem Südgrat aus der Balkenscharte bis unter seine Schlüsselstelle, um dann über Bänder, die Südwestflanke querend, zum Einstieg zu gelangen.

Ansicht von Südwesten

5.1.11 Südgrat der Südlichen Fuchskarspitze

3 - (meist 1-2)	E3	160 m	5	evtl.	Nein	S

Diese leichte Kletteroute zählt neben der Ostflanke (siehe **4.5.2**) zu den Normalwegen. Die Route wird meist seilfrei geklettert. Der Fels an der kurzen Schlüsselstelle ist angenehm fest, ansonsten sind auch leichte, brüchige Stellen zu überwinden. (Siehe Fotos **S. 126** und **S. 75**)

5.1.12 Abstieg von der Südlichen Fuchskarspitze

Wenige Meter südlich des Gipfels durch eine schrofige Rinne nach Osten hinab, bis man nach rechts zum waagrechten Mittelstück des Südgrates queren kann. Diesem folgt man wenige Meter bis einen die rote Markierung nach links in die Ostflanke leitet. Diese leicht rechtshaltend hinab (auf rote Punkte achten) zu einem Türmchen mit Abseilhaken und Graffiti. Durch eine Rinne (1-2) hinab auf die schräge Grasterrasse der Ostflanke. Nun auf Pfadspuren rechtshaltend fast waagrecht hinüber zur Balkenscharte, wo man auf den Hochvogelweg trifft. In Abstiegsrichtung sind die roten Punkte gut zu finden. (Vergleiche **4.5.2**)

Markierter Stand an der Fuchskarspitze

5 ALPINE KLETTERTOUREN & KLETTERGÄRTEN

Gratkletterei an der Fuchskar-Mittelspitze, **Route 5.1.9**

5.1.13 Zustiege zu den Routen an der Madonna und dem Plattenriss

Von der Balkenscharte auf dem Normalweg der Südl. Spitze auf die grasige Terrasse in der Ostflanke, welche bis zu ihrem Ende verfolgt wird. Durch steiles Schrofengelände hinab in das Kar unter dem Verbindungsgrat Südl.- und Nördl. Fuchskarspitze. Nun ansteigend empor zu den jeweiligen Einstiegen.

Oder
Von der Nördlichen Fuchskarspitze der Nord-Süd-Überschreitung folgend bis in die Scharte vor der Madonna (bis hierher maximal 2) Durch eine Rinne nach Osten hinab ins Kar und zu den entsprechenden Einstiegen.

Oder
Weiter dem Grat folgend bis zum Gipfel der Madonna und mit zweimaligem Abseilen je 45 m über die Südostwand zu den Einstiegen

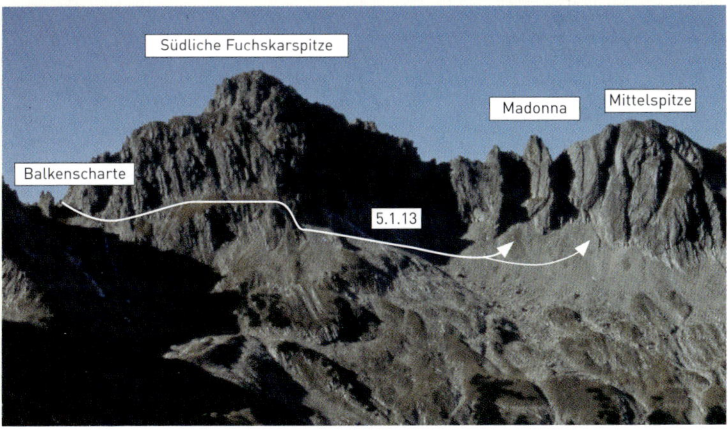

Ansicht von Osten

5.1.14 Madonna Gütscharkante

5	E2-3	2SL/90m	10	Ja	Nein	0	

Diese kurze von Willi Wechs und Franz Tröndle erstbegangene Route zeichnet sich durch exzellenten Fels auf. Wegen des langen Zustiegs selten begangen. Sie lohnt sich besonders im Anschluss an eine Tour in der Westwand. Für die erste SL sind Klemmkeile empfehlenswert.

5.1.15 Madonna Ostwand

6+	E2-3	2SL/90m	10	Ja	Nein	SO

Diese von Franz Tröndle und Deutelmooser nach einem Tag Vorbereitung teilweise hakentechnisch erstbegangene Route galt lange als Extremklassiker, den man gemacht haben muss. Heute selten begangen. Zwischen den Haken teilweise größere Abstände auch im schwierigen Gelände.

5.1.16 Plattenriss zur Mittelspitze

4	E4	4SL/100m	8	Ja	Ja	SO

Diese von Wechs und Tröndle 1934 erstbegangene Route wird heute kaum noch geklettert. Die Tour ist nicht saniert. Die Fels-

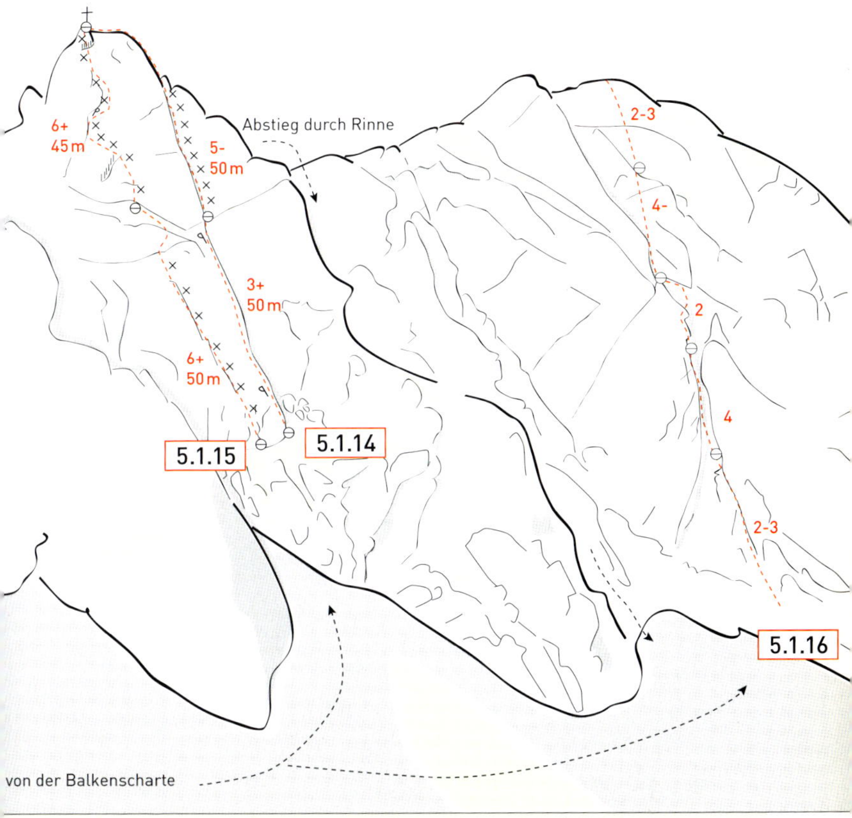

qualität ist mäßig. Die diese Route begrenzende Plattenwand verspricht jedoch guten Fels für Neulandsucher.

Exkurs: Willi Wechs

Willi Wechs wurde am 13.07.1901 in Hindelang geboren. Wie kein anderer Bergsteiger je zuvor prägte er die Entwicklung des Bergsportes im Ostrachtal.
Bereits 1923 legte er die Bergführerprüfung ab, nachdem er zwei Jahre zuvor schon die Ausbildung zum Skilehrer erfolgreich absolviert hatte. Außerdem war Wechs Gründungsmitglied der Bergwacht Hindelang. Als einer der ersten Ostrachtaler unternahm er zahlreiche anspruchsvolle Touren im gesamten Alpenraum.
Inspiriert von der damals schon recht aktiven Felskletterbewegung in den Dolomiten und dem in den Zentralalpen schon recht populären Skibergsteigen, unternahm er an der Fuchskarspitze und am Hochvogel zahlreiche Erstbegehungen und förderte das Skibergsteigen im Ostrachtal. In seiner Zeit als Hüttenwirt des Prinz-Luitpold-Hauses von 1934 bis 1939 erlebte das Bergsteigen im Ostrachtal einen noch nie da gewesenen Aufschwung.
Er rief das heute noch jährlich Ende Mai/Anfang Juni stattfindende Skirennen am Prinz-Luitpold-Haus ins Leben und hielt auf der Hütte zahlreiche Ski- und Kletterkurse ab. Im Winter 1944/45 hatte er als Heeresbergführer im Ortlergebiet einen schweren Lawinenunfall, in Folge dessen man ihm ein Bein abnehmen musste. Er arbeitete seitdem als Schriftsteller. Von seinen zahlreichen Veröffentlichungen sind „Ein Leben am Berg" und „Bergbubenjahre wolkig bis heiter" besonders lesenswert.

Willi Wechs verstarb im Jahre 1984.

ALPINE KLETTERTOUREN & KLETTERGÄRTEN 5

Willi Wechs an der Gütscharkante

5.2 Routen an den Balkenspitzen

Klettern an den Balkenspitzen bedeutet Abenteuer. In keiner der nicht allzu langen Routen stecken Bohrhaken. Man findet also dieselben Bedingungen vor wie die Erstbegeher. Die Routen sind meist nicht leicht zu finden. Da zwischen 1930 und 1950 hier nahezu überall geklettert wurde, trifft man immer wieder auf altes Hakenmaterial. Da die Routen nicht saniert sind, folgen sie den natürlichen Risssystemen, die neben gutem Fels auch sehr brüchige Stellen aufweisen. Die Standplätze sind oftmals nicht definiert und der genau Routenverlauf konnte oftmals nicht ermittelt werden. In letzterem Fall wird auf eine alte Verbalbeschreitung zurückgegriffen.

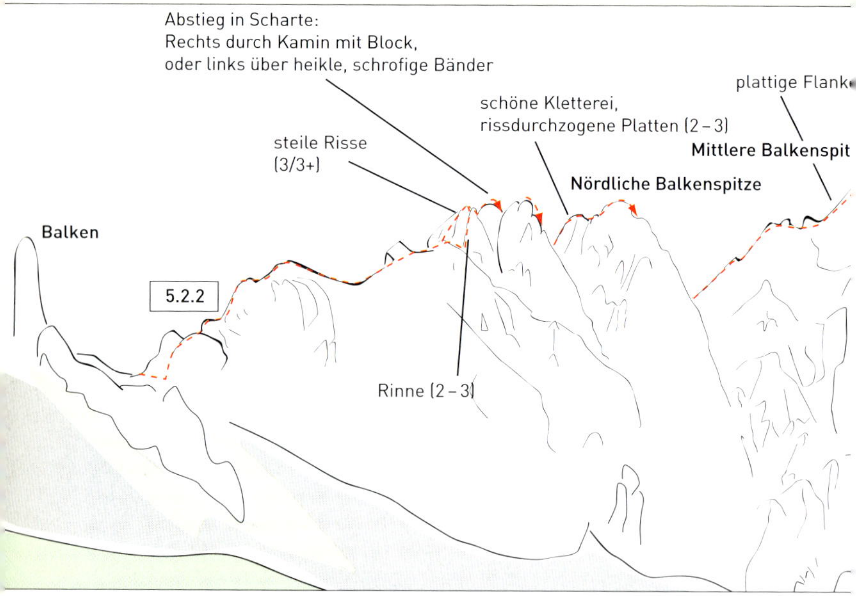

Topo Balkenspitzengrat

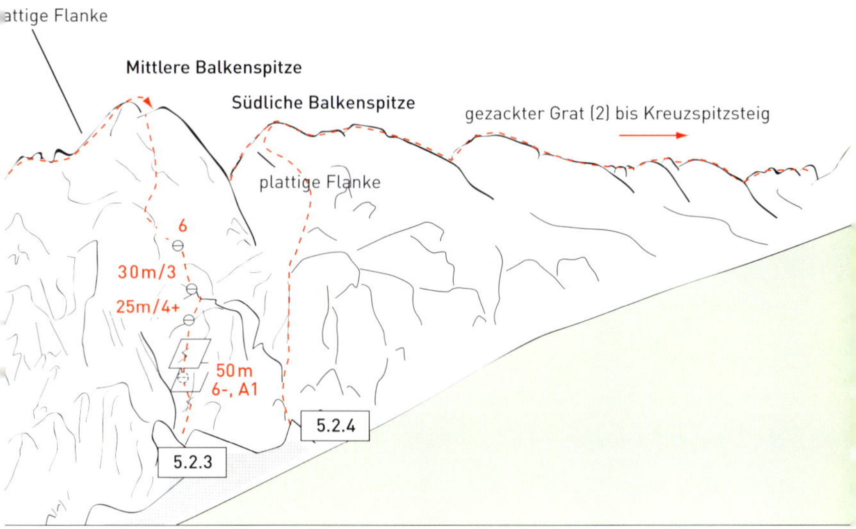
attige Flanke
Mittlere Balkenspitze
Südliche Balkenspitze
gezackter Grat (2) bis Kreuzspitzsteig
plattige Flanke
6
30m/3
25m/4+
50m
6-, A1
5.2.4
5.2.3

5.2.1 Der Balken

Der markante, die Balkenscharte krönende Zacken kann leicht mit der Begehung des Balkenspitzengrates oder im Abstieg von der Südlichen Fuchskarspitze mitgenommen werden. Wer abseilt, sollte das vorhandene Material kritisch überprüfen

3+ (meist 2)	E2	1 SL/20 m	2	Nein	Nein	NO

Knapp westlich der Scharte durch eine Rinne in die Scharte zwischen dem kreuzgeschmückten Balken und einem Nebengipfel und über die abdrängende Kante (2 Normalhaken vorhanden) zur Spitze.

Abstieg
Auf dem selben Weg oder abseilen.

5.2.2 Der Balkenspitzengrat

3- (meist leichter)	E3-4	evtl.	evtl.	evtl.	

Diese leichte, alpine Gratkletterei ähnelt der Fuchskarüberschreitung, ist aber etwas leichter, der Fels ist an vielen Stellen brüchig und man findet weder Haken noch Begehungsspuren. Der Grat stellt zudem den Normalweg auf die drei Balkenspitzen dar. **(Siehe Seite 135)**

5.2.3 Gelbe Platte

6 A1	E 5	6 SL / ca. 180 m	12	JA	Ja	NW

Diese Route von Bene Götzfried bietet nur im unteren Teil schöne und anspruchsvolle Kletterei. In Richtung Gipfel wird der Fels zunehmend brüchig. Im oberen Teil sind nicht alle Standplätze definiert.

5.2.4 Helmpflicht

4	E 5	3 SL / 140 m	8	Ja	Ja	NW

Die kurze,mittelschwere Tour von Thomas Klee weist leider oft brüchigen Fels auf.

Weitere Touren an der Balkenspitze

Ausser den im Topo vorgestellten Touren, gibt es an den Balkenspitzen noch weitere Anstiege. Nachstehend werden die Berichte der Erstbegeher wiedergeben. Die Angaben wurden nicht überprüft.

5.2.5 Mittlere Balkenspitze Nordschulter „Neue Westwand“ (4)

Erstbegeher: Thomas Heckelmiller und Gefährte 1981

Zugang

Von der Balkenscharte unter den Westwänden des Grates zu einem riesigen, schon vom Luitpoldhaus sichtbaren Plattenschuss queren. Dieser wird rechts von einer markanten Verschneidung begrenzt. Der Einstieg befindet sich 10 m links der Verschneidung inmitten der Platte.

Die Route

Inmitten der schwarz-grauen Platte 20 m empor, dann zu dem sie links begrenzenden Wandpfeiler. Stand an einer auffallenden gelben Schuppe. Immer in Pfeilernähe gerade empor zu engem Kamin. In ihm 15 m empor und an seinem Ende nach rechts hinaus auf Platte. Gerade empor zur Nordschulter.

5.2.6 **Alte Westwand** (4)

Erstbegeher Wechs und Groß 1929

Zugang

Von der Balkenscharte unter den Westwänden des Grates zu einem riesigen, schon vom Luitpoldhaus sichtbaren Plattenschuss queren. Dieser wird rechts von einer markanten Verscheidung begrenzt.

Die Route

Durch die den Plattenschuss, rechts begrenzende fast rechtwinklige Verschneidung zwei Seillängen hinauf. Am Ende der Verschneidung nach links über steile Platten zu einer kleinen Scharte queren. Von dieser über eine schöne, feste Kante rechts aufwärts. Sie endet im Gipfelmassiv. Über kurze Rippen und Kamine gerade hinauf zum Gipfel.

5.2.7 **Mittlere Balkenspitze, Südwestwand** (6 A1 meist 5)

Erstbegeher: Franz Tröndle und M. Enzensperger

Zugang
Von der Balkenscharte unter den Westwänden hindurch zu zwei auffallend glatten Plattenschüssen, welche von einem glatten Riss durchzogen werden. Hier Einstieg.

Die Route
Durch den Riss empor, bis sich dieser nach einer halben Seillänge gabelt. Man folgt dem rechten bis zu seinem Ende. Hier folgt ein 40 m langer Seilzugquergang nach links bis in rechtwinklige Verschneidung am Fuß der zweiten Platte. In herrlicher Plattenkletterei bis zu ihrem Ende. Nun über Geröllblöcke nach links zu einer stark überhängenden Wand. Über diese 2–3 m nach links und mit Seilzug über einen langen Überhang, drei Haken hinauf zu schlechtem Stand. Über eine weitere Seillänge etwas leichter zum Gipfel.

5.3 Routen am Wiedemerkopf

Die schattige Nordwand des Wiedemerkopfes bietet einige interessante Routen in den oberen Schwierigkeitsgraden für heiße Sommertage. Der Zustieg von der Hütte beträgt mit Ausnahme der Willi-Gabler-Gedächtnisführe nur wenige Minuten. In den schwierigen Passagen erwartet den Kletterer oft exzellenter Fels, die leichteren Passagen sind oft unangenehm brüchig, auf den Geröllbändern lauern besonders beim Abseilen jede Menge lose Steine.

5.3.1 Abstieg auf dem Normalweg

Auf dem markiertem Steig in ca. 30 min zurück zur Hütte.
Siehe **4.4.1**

5.3.2 Nordwand „Geburtstag"

8	E3	2 SL/80 m	10	Ja	Nein	N

Die kurze Sportkletterführe wurde von Hartmut Wimmer und Klement Anwander im Sommer 1987 nach einem Tag Vorbereitung eröffnet. Die Route wurde im Stil der 80er-Jahre begangen. Die Hakenabstände sind etwas größer als in heutigen Sportklettertouren. **Abstieg:** Abseilen über die Route.

5.3.3 Nordwand „Freistunde"

6-	E3	3 SL/150 m	10	Ja	Ja	N

Die Route wurde von Mathias Fink und Thomas Klee am 22. September 2003 erstbegangen. Eine kurze selbst abzusichernde Klettertour in meist festem Fels.

Abstieg
Abseilen über die Route.

5.3.4 Nordwand „Prinz Luitpold"

8-	E3	5 SL/160 m	10	Ja	evtl.	N

Diese großartige Kletterei in meist bestem Fels wurde 1990 von

Herbert Mayer und Hartmut Wimmer erstmals begangen.
Die Tour trocknet nach Regen schneller ab als die anderen Nordwandtouren. **Abstieg:** Abseilen über die Route.

5.3.5 Nordwand „Fortsetzung folgt"

7+	E3	5 SL/160 m	10	Ja	evtl.	N

Diese anspruchsvolle Route wurde von Klement Anwander und Hartmut Wimmer 1988 im Stil der 80er-Jahre eröffnet. Nach Regen lange nass.

5.3.6 Alte Nordwand „Wille /Keck"

7-	E2	8 SL/230 m	10	Ja	Nein	N

Diese Route von Max Keck und Engelbert Wille galt nach ihrer Eröffnung in den 70er-Jahren lange als die schwerste im Ostrachtal. Besonders im Mittelteil weist die Route exzellenten Fels auf. Leider ist die Route nach Regen lange nass, so dass einer Begehung einige trockene Tage vorausgehen sollten. Ein Quergang in der Wandmitte fordert auch vom Seilzweiten Moral. Die Route ist zum Teil saniert. Da die ersten Einstiegsseillängen ständig nass und nicht saniert sind, empfiehlt sich der Einstieg über die Route **„Prinz-Luitpold"**.

Abstieg: Entweder nach Ende der Hauptschwierigkeiten über die Route abseilen oder über Grasschrofen zum Normalweg (4).

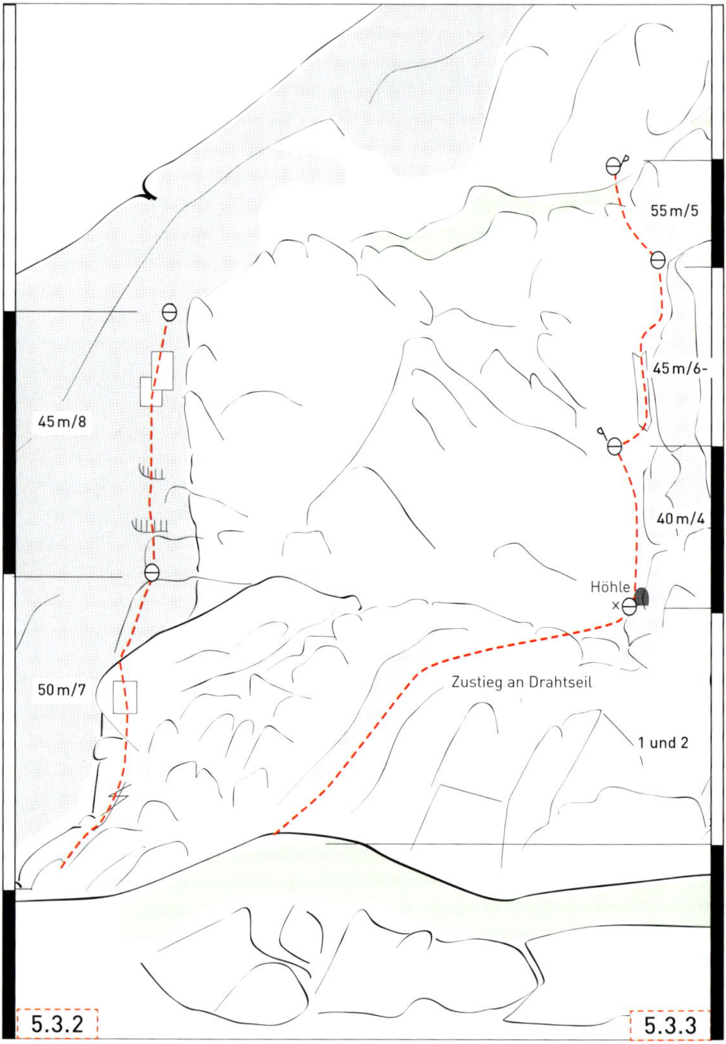
55 m/5
45 m/6-
40 m/4
Höhle
45 m/8
50 m/7
Zustieg an Drahtseil
1 und 2
5.3.2
5.3.3

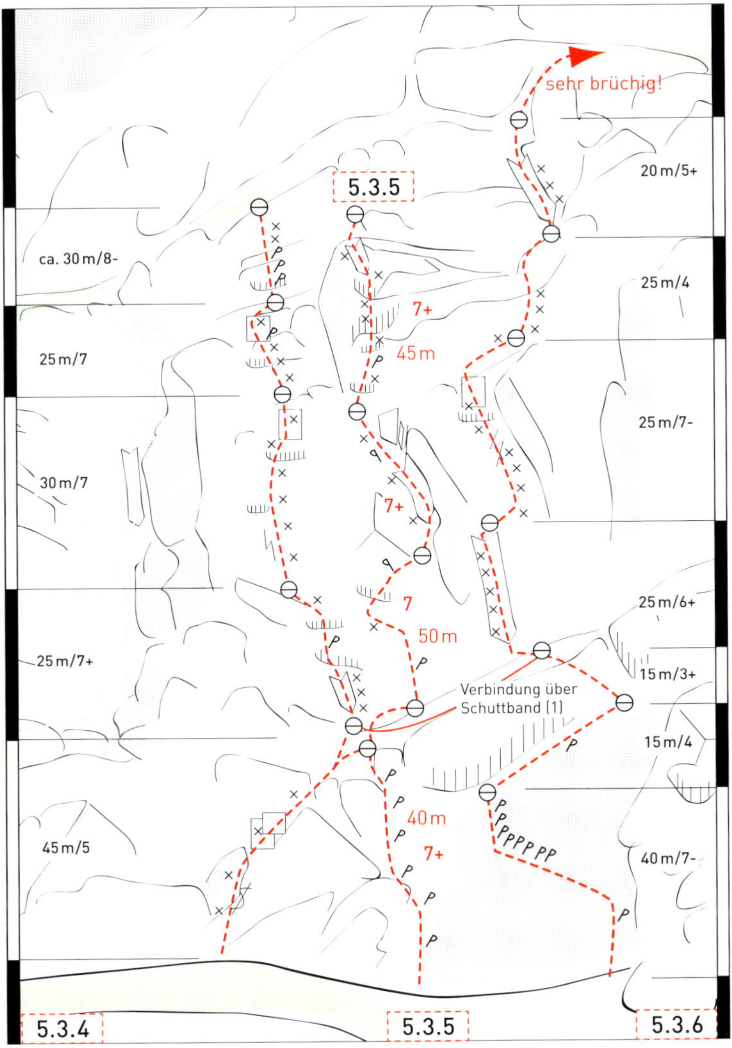
sehr brüchig!
5.3.5
20 m/5+
ca. 30 m/8-
7+
45 m
25 m/4
25 m/7
25 m/7-
30 m/7
7+
7
50 m
25 m/6+
25 m/7+
15 m/3+
Verbindung über
Schuttband (1)
15 m/4
40 m
7+
45 m/5
40 m/7-
5.3.4
5.3.5
5.3.6

5.3.6 Wiedemer Westwand „Willi Gabler Gedächtnisweg“

7- (6 A0)	E3	6 SL/200 m	10	Ja	evtl.	W

Diese interessante, 1966 von Ernst Popelka, Heinz Ranger und Fritz Ketteler eröffnete Route wurde 1987 von Thomas Schuh u. Stefan Eckel sparsam saniert. Besonders die Seillänge nach dem Quergang erfordert einen Vorsteiger mit guter Moral.

Zustieg

Von der Hütte auf dem Wiedemer-Normalweg **(4.4.1)** bis zum ersten Drahtseil. Nun quert man steile Grashänge, bis eine breite Rinne zum Einstieg leitet.

Abstieg

Wahlweise dem Grat (2) zum Wiedemergipfel oder zum Kreuzkopf folgend. **Siehe 4.4.4**

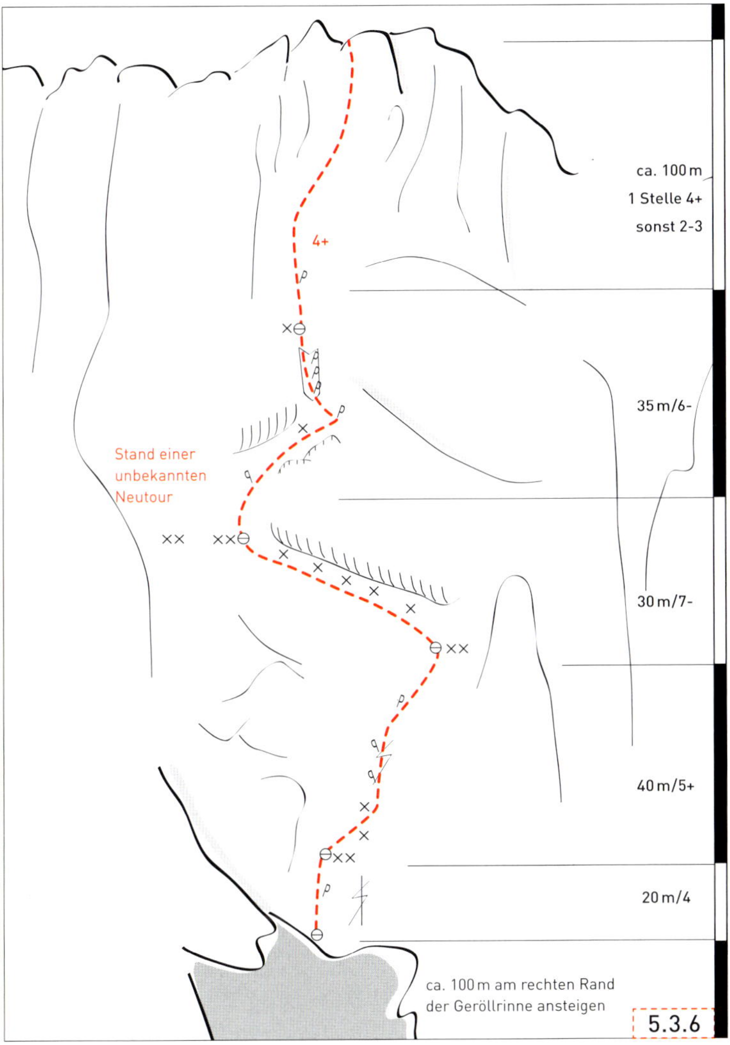
ca. 100 m
1 Stelle 4+
sonst 2-3
4+
Stand einer unbekannten Neutour
35 m/6-
30 m/7-
40 m/5+
20 m/4
ca. 100 m am rechten Rand der Geröllrinne ansteigen
5.3.6

5.4 Routen am Schneck

Der Schneck gilt heute noch als der Extremkletterberg im Allgäu. Auch nach der Sanierung der klassischen Ostwand und der Eröffnung weiterer Touren erwartet den Kletterer dort anspruchsvolle Freikletterei im 6. Grad und darüber. Übertriebe Berichte und die von Stürzen und Misserfolgen gekennzeichnete Geschichte der Wand sorgten lange dafür, dass die (klassische) Route als Horrortrip verrufen war. Es dauerte 78 Jahre, bis zu der klassischen Ostwandführe weitere Routen hinzukamen. Auch nach der Sanierung der Route von Philipp Risch erwartet den Kletterer dort anspruchsvolle Freikletterei im 6. Grad und darüber in gutem, aber gewöhnungsbedürftigem Aptychenkalk .

Ronni Nordmann hat keine Angst vor dem „Schneckgespenst"

5.4.1 Zustieg vom Prinz-Luitpold-Haus

Von der Hütte auf dem Weg zum Edmund-Probst-Haus in etwa 1,5 Stunden unter die Ostwand und über ein Geröllfeld zum Einstieg. Von der Pointhütte im Bärgündletal in etwa der selben Zeit.

5.4.2 Abstiege

Entweder auf dem Normalweg teilweise recht ausgesetzt nach Süden zum Himmelecksattel, was aber nur zu empfehlen ist, wenn man kein Material am Einstieg zurückgelassen hat oder über die Abseilpiste der Nordwand abseilen.
Die erste Abseilkette befindet sich direkt am Gipfelgrat, etwa 10 m hinter dem letzten Standplatz der Route „Schneckgespenst" in Richtung Gipfelkreuz. Von dort 30 m durch Kamin auf Band abseilen und nach Osten zur nächsten Abseilkette queren. Weitere 40 m abseilen und wiederum nach Osten zur dritten Kette. Nun 50 m abseilen und über den Grasgrat in den Sattel absteigen, bis man rechts unter der Ostwand zum Einstieg queren kann.

Höfats (li) und Schneck (re)

5.4.3 Zinnenfeeling

8-	E3	3 SL/110 m	10	Ja	Nein	0

Diese kurze und schöne Route mit athletischer Schlüsselstelle wurde von Toni Steurer, Jürgen und Michael Schafroth erstmals im Jahr 2000 begangen.

5.4.4 Schöne Zeit

7	E3	3 SL/110 m	8	Ja	Nein	0

Diese kurze und schöne Route wurde von Toni Steurer und Jürgen Schafroth erstmals im Jahr 2000 begangen. Die Route endet dort, wo der Fels brüchig wird. Ideal als Zweitroute.

5.4.5 Schneckgespenst

7-	E2-3	7 SL/230 m	10	Ja	Nein	0

78 Jahre nach Erstbegehung der Ostwand eröffneten Jürgen und Michael Schafroth, Jürgen Thum und Werner Hones im Jahr 2000 die heute beliebte Route. Mit Ausnahme des Einstiegs durchwegs fester Fels und anhaltende Schwierigkeiten.

5.4.6 Alte Ostwand

6+	E3	6 SL/260 m	10	Ja	Nein	0

Diese von Phillip Risch und Gefährten bereits 1922 eröffnete Tour gilt inzwischen als beliebter Extremklassiker im Allgäu. Trotz Sanierung anspruchsvolle Freikletterei in gutem Fels.

5.4.7 Das graue Element

8 meist 6-7	E3	7 SL/230 m	10	Ja	Nein	0

Eindrucksvolle, steile Kletterei durch den markanten grauen Streifen im linken Wandteil. Im oberen Bereich ein wenig Gras, das aber kaum stört. **Rückzug nach der 4. SL heikel!**
Erstbegeher Jürgen und Michael Schafroth, Toni Steurer im Jahr 2000.

Uwe Hofstädter im Schneckgespenst

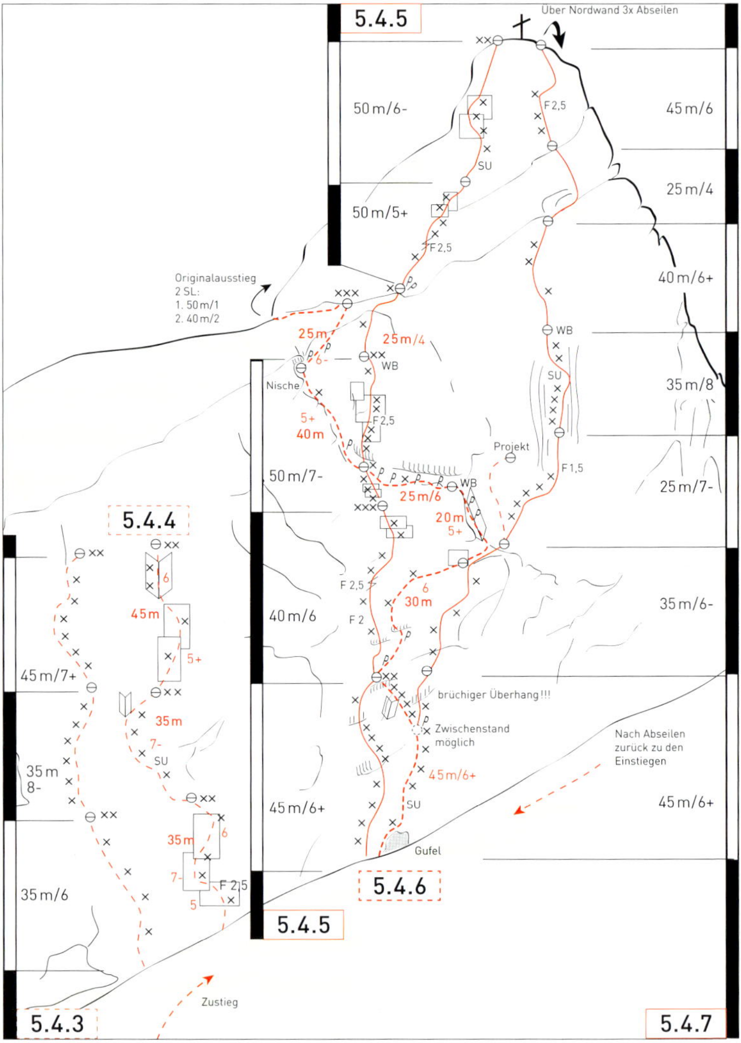
5.4.5
Über Nordwand 3x Abseilen
50 m/6-
50 m/5+
45 m/6
25 m/4
40 m/6+
35 m/8
25 m/7-
35 m/6-
45 m/6+
F 2,5
SU
Originalausstieg
2 SL:
1. 50 m/1
2. 40 m/2
25 m
6-
25 m/4
WB
Nische
5+
40 m
F 2,5
Projekt
F 1,5
50 m/7-
25 m/6
20 m
5+
5.4.4
6
45 m
5+
45 m/7+
35 m
7-
SU
35 m
8-
35 m/6
35 m
7-
F 2,5
5
40 m/6
F 2,5
F 2
6
30 m
brüchiger Überhang!!!
Zwischenstand möglich
45 m/6+
Nach Abseilen zurück zu den Einstiegen
Gufel
5.4.6
5.4.5
Zustieg
5.4.3
5.4.7

Die erste Seillänge der Schneck-Ostwand

5.5 Klupperkarturm

Dieser markante Felsturm in der abgelegenen Roßzahngruppe wurde am 29. September 1935 von dem Hindelanger Bergführer Hans Lanig mit seinen Seilpartner Luxenhoffer und Fräulein. Kolbeck erstmals bestiegen. Der von den Sonnenhängen oberhalb Hindelangs gut sichtbare Turm liegt weit abseits aller begangen Wege und lohnt sich nur für kletternde Bergsteiger, die einmal ein aussergewöhnliches Ziel mit Einsamkeitsgarantie ansteuern wollen. Der Aufstieg wurde im Jahr 2004 von Wolfgang Mayr und Kristian Rath saniert. Im Jahr 2005 wurde ein Gipfelbuch angebracht.

Ansicht von Norden

Zustieg

Auf Route **4.13.1** bis man etwa 100 hm unterhalb der Scharte zwischen Gr. Roßzahn und Klupperkarkopf rechter Hand den Turm erblickt. Durch steiles Geröll in die Scharte westlich des Gipfels.
(Siehe Bild Seite 107)

5.5.1 Normalweg

5-	E1	2 SL/60 m	8	Nein	Nein	W

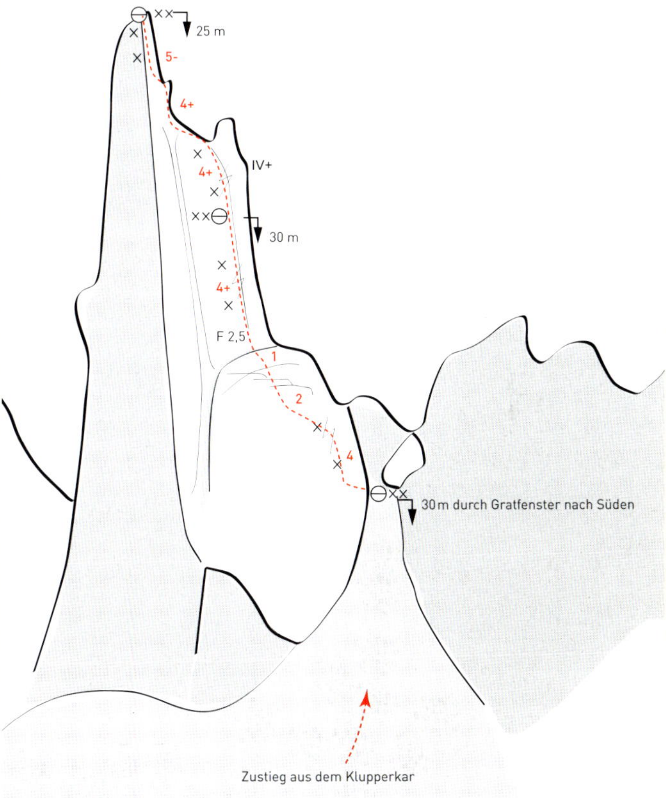

Exkurs: Der schwierigste Gipfel der Allgäuer Alpen

Der Klupperkarturm, der schwierigste Gipfel der Allgäuer Alpen? Um diese Frage zu klären, muss zunächst einmal der Begriff Gipfel definiert werden. Als Gipfel bezeichnet man die höchste Stelle eines Berges oder eines Gebirgszuges. Der Gipfel ist von den nächsten höher gelegenen Geländeerhebungen durch Scharten, Jöcher, Pässe oder Sättel getrennt. Er ist nur durch eigenständige Anstiege zu erreichen. In den Alpen wird im allgemeinen ab einer Schartenüberhöhung in alle Richtungen von mehr als 50 Metern von einem Gipfel gesprochen, während im sächsischem Felsklettern bereits ein mindestens 10 Meter hohes, freistehendes, nur durch Klettern, Sprung oder Überfall zu erreichendes Felsgebilde als Gipfel bezeichnet wird. Sicherlich wird es in den Allgäuer Alpen irgendwelche Türme und Zacken geben, welche nur in Kletterei oberhalb des 5. Grades zu erreichen sind. Ihnen allen fehlt jedoch das Merkmal des Gipfels. Mit einer Schartenüberhöhung von mindestens 60 Metern zum nächst höhergelegenen Punkt (Klupperkarkopf) und einem Normalweg im Grad 5- kann somit der Klupperkarturm als der schwierigste Gipfel der Allgäuer Alpen bezeichnet werden.

Der Autor am Klupperkarturm

5.6 Klettergärten

Sicher ist das Prinz-Luitpold-Haus kein primäres Ziel für Sportkletterer. Wer aber auf der Hütte verweilt, findet ein reichhaltiges Angebot an kurzen, bestens abgesicherten Sportklettertouren. Alle Klettergärten befinden sich in der aus kompaktem, von Wasserrillen durchzogenen Oberrätkalk bestehenden Schicht, die vom Glasfelderkopf zum Wiedemerkopf zieht. Die Zustiegszeiten gelten jeweils ab der Hütte.

Achtung
Nicht überall ist ein Umlenkkarabiner vorhanden!
(Siehe Übersicht Seite 112/113)

Sportklettern **„Im Täle"**

5.6.1 Wiedemersockel

Lage

Am Ausgang der Wiedemerrinne. Bislang vier schöne Touren.

5-7	E 1	5 min	15–20 m	10	Nein	Nein	0

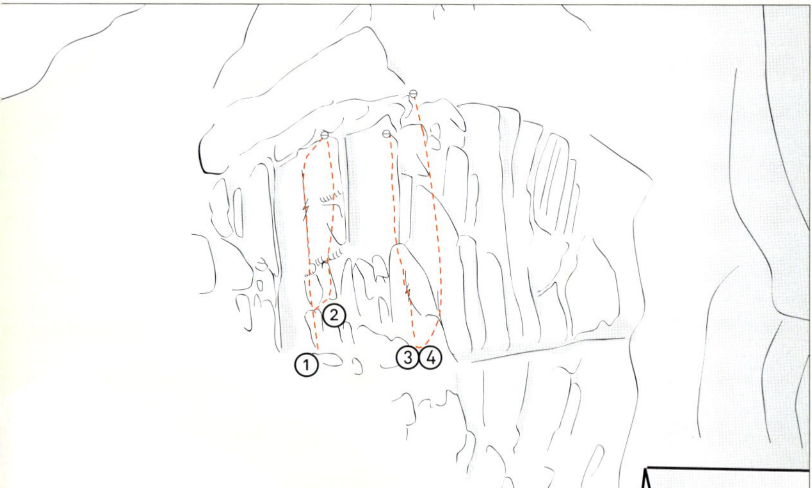

① Wer nix wird, wird Wirt (6-)

② Heiliger Bim Bam (7)

③ Drei Musketiere (6-) im Riss auf Platte (7)

④ Beckschwein (ca. 6)

5.6.2 Wiedemerplatte

Lage
Direkt am Weg in Richtung Laufbacher Eck/Kemptner Hütte
Sechs meist leichte Touren, ideal für Anfänger.

2-6	E1	2 min	10–15 m	10	Nein	Nein	N

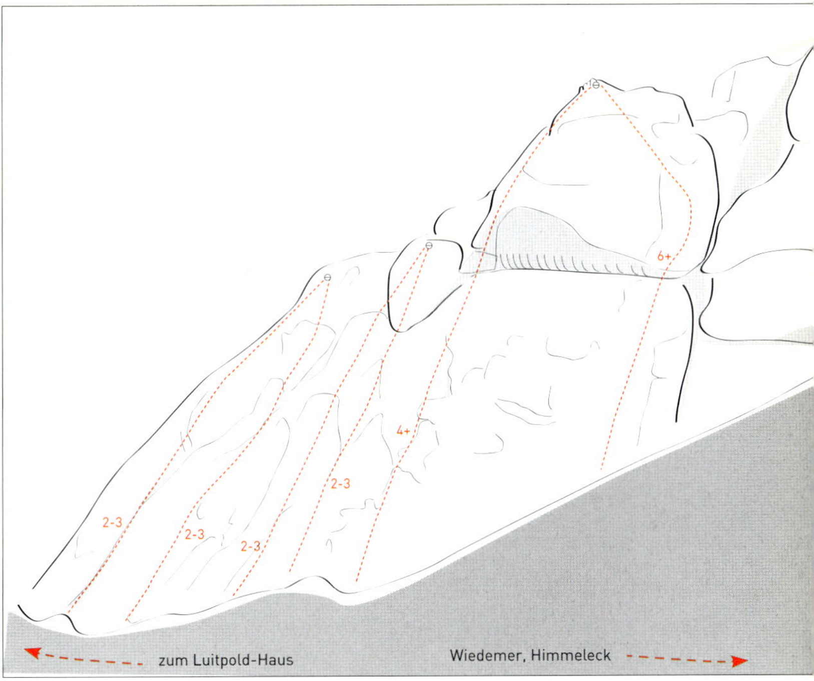

5.6.3 Im Täle

Lage
An der langen Südrippe des Glasfelderkopfes.

Zustieg
Auf dem Jubiläumsweg in Richtung Bockkarscharte, bis sich linkerhand Felsen erheben.

2-9	E1	15-40 m	15 min	10	Nein	Nein	O/S

1.	Ohne Namen	3
2.	Ohne Namen	3
3.	Ohne Namen	3
4.	Ohne Namen	4
5.	Ohne Namen	4
6.	**Pflichtübung**	6-
7.	**Aufschwung**	7+
8.	**Hilti (Längenproblem)**	8-
9.	**Hasch mich**	7+
10.	**Zeter und Holodrium**	8-
11.	**Ohne Worte**	8
12.	**Immer wieder Samstag**	7-
13.	**Ideal**	7
14.	**Traum der Bohrteufel**	8-/8
15.	**Nur für Geübte**	8-/8
16.	**Kurz und schmerzhaft**	
17.	**Klein, aber gemein**	

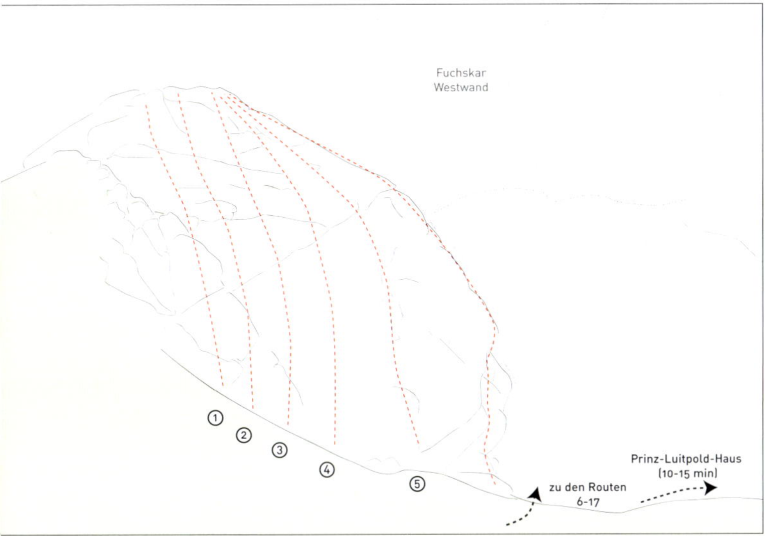
Fuchskar
Westwand
1
2
3
4
5
Prinz-Luitpold-Haus
(10-15 min)
zu den Routen
6-17

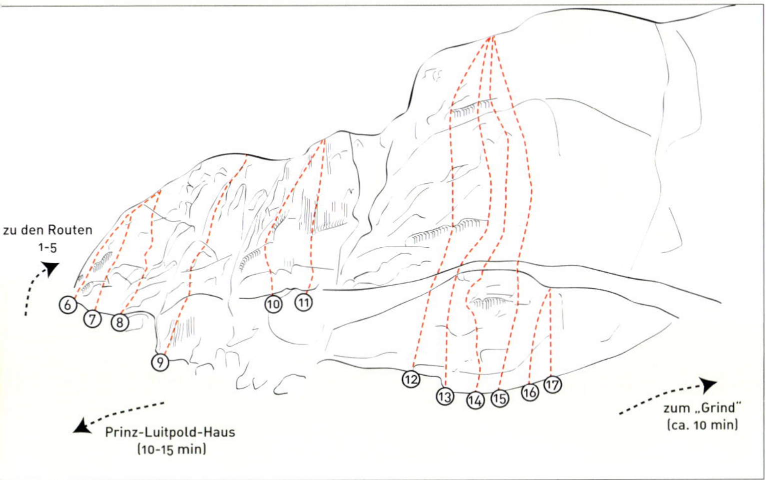
zu den Routen
1-5
6
7
8
9
10
11
12
13
14
15
16
17
zum „Grind"
(ca. 10 min)
Prinz-Luitpold-Haus
(10-15 min)

5.6.4 D'r Grind (allgäuerisch: der Kopf)

Lage
Auf der Westseite des vom Glasfelderkopf zum Prinz-Luitpold-Haus ziehenden Felsriegels.

Zustieg
Auf dem Jubiläumsweg in Richtung Bockkarscharte bis man nach links zu den Ausstiegen der Routen queren kann. Entweder über eine der Routen abseilen oder am (von oben gesehen) linken Rand durch Steilgras hinab zu den Einstiegen.

Achtung! Am Einstieg steiles Gelände (Selbstsicherung).

40 min	5-9	E 1	20-50 m	10	Nein	Nein	W

1.	Hoffentlich Allianz versichert	8 | 8
2.	Erogene Zone	
3.	Hochseilakt	8- | 8+ | 9-
4.	Boltrausch	7+/8- | 8+
5.	Donner und Doria	
6.	Willkommen im Club der einsamen Herzen	
7.	Erste Sahne	8 | 7
8.	Angst verleiht Flügel	8+ | 7
9.	Angst fressen Hose auf	9-
10.	Akku Bolitis	7 | 8+
11.	Hokus Pokus	9
12.	Kui Sunne, kui Lond	8
13.	Ein mal täglich	8 | 7- | 6-
14.	Delirium	8-

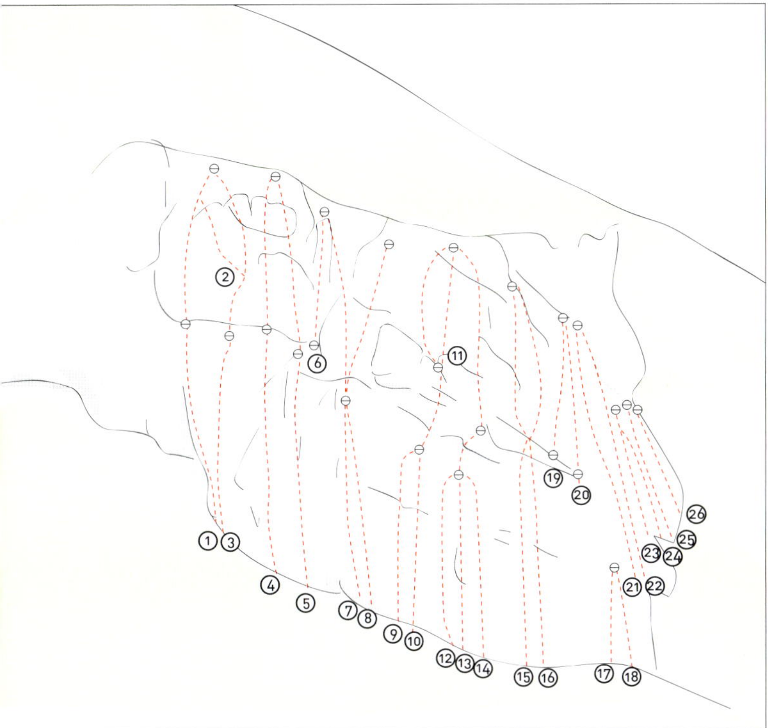

15.	Samurai	7- | 8-
16.	Drama	8 | 6+
17.	Almöhi	7-
18.	Finale läßt grüßen	7-
19.	Schmittchen Schleicher	8-
20.	Schnuggebutz	6-
21.	Ivan der Schreckliche	8-
22.	Völlig losgelöst	8-
23.	Henkersmahlzeit	8-
24.	Alpenrap	6-
25.	Babyarsch	7-
26.	I flipp no üs	5+

5.6.5 Gipfelwand Glasfelderkopf

Lage
In den Gipfelschrofen des Glasfelderkopfes.

Zustieg
auf Route 4.7.1 bis knapp unter den Gipfelgrat, dann nach links zu den Einstiegen queren.

3-6	E1	1 Std.	15-25 m	10	ja	Nein	S

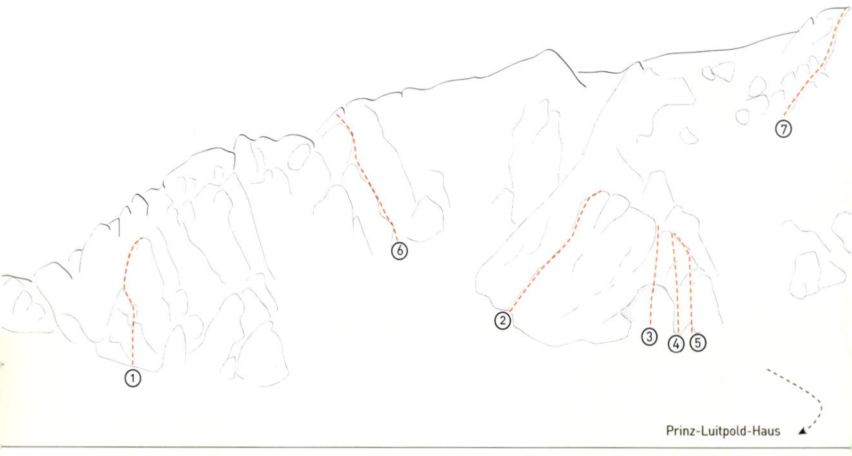

1. Bojo 5-
2. Gipsy 3-
3. weißer Polidori 6
4. Bluee 6+
5. Balu 6+
6. Klemmblockriss 3+ (Selbstabsicherung)
7. Plattenriss 3

Christina klettert im letzten Abdendlicht die Route "**Bojo**".

5.7 Weitere Kletterrouten

In der Umgebung des Prinz-Luitpold-Hauses wurden noch weitere Kletterfahrten unternommen. Sie werden faktisch nie wiederholt und sind hier nur der Vollständigkeit wegen aufgelistet. Die knappen Beschreibungen stammen, wenn nicht anders erwähnt, von den Erstbegehern und wurden nicht überprüft.

5.7.1 Routen an der Kesselspitze

Die ins Bockkar abfallende Nordwand wurde 1936 von Prinz, Feil, Pfau und Natterer durchstiegen. Es ist von brüchigem, teils grasbewachsenem Fels die Rede.

5.7.2. Sattelkopf Nordwestwand

Lanig und Merges haben 1936 die Nordwestwand des Sattelkopfes durchstiegen und nachfolgende Beschreibung hinterlassen:
Von der Sattelhöhe aus teilt sich die Wand in eine untere und obere Hälfte, die durch einen Geröllabsatz voneinander getrennt sind. Im westlichen, rechten Drittel zieht ein kaminartiger Riss nach oben, welcher den Einstieg bildet.

Die Route
Die ersten Meter etwas überhängend empor. Stets dem Riss folgend über mehrere Überhänge bis zum brüchigen Ausstieg, der nach links auf einen Seitengrat führt. Diesen verfolgen auf den erwähnten Geröllabsatz. Nun am Fuß des oberen Wandteiles unter Überhängen nach links zu einer Geröllrinne, die man aufwärts verfolgt, bis man über eine kleine Wandstufe ein Band

erreicht, welches man nach rechts verfolgt. Nun in unschwierigem Gelände über kurze senkrechte Stufen zum Gipfel.
Schwierigkeit 3–4

5.7.3 Westgrat des Sattelkopfes

Der am Oberschrattenberg beginnende markante Westgrat wurde 1989 von Kristian Rath überklettert. Die vermutlich schon früher begangene Route führt über die auffälligen Türme des Grates. In den schwierigsten Passagen ist der Fels einigermaßen zuverlässig. Die Schlüsselstelle (3+/4-) befindet sich kurz vor dem Ausstieg des ersten Turmes. Ansonsten meist nur Kletterei im 2. Grad bis zu dem von einem kurzen Klettersteig erschlossenen Hauptturm.

5.8 Routen am Hochvogel

Klettern am Hochvogel bedeutet Abenteuer: oftmals brüchiger Fels und lange Routen. Viele Touren wurden seit Jahrzehnten nicht mehr wiederholt. Nachfolgend werden die Beschreibungen der Erstbegeher bzw. früher Wiederholer wiedergegeben. Diese Beschreibungen wurden nicht überprüft.

5.8.1 Westpfeiler (4+/650 m/E4-5)

Diese Route wurde am 16. Mai 1935 von den Immenstädtern Stolze und Prinz erstmals begangen, gelegentlich wiederholt:

Der Einstieg befindet sich bei den grasigen Schrofen, westlich von Punkt 2001, auf denen sich der Pfeiler aufbaut.

Die Route

Über prächtigen Fels gerade hinauf. Erste Schwierigkeit: eine schräg nach rechts aufwärts ziehende Verschneidung. Weiter über Bänder und Überhänge, durch Rinnen und Risse empor zum 1. Turm und an dessen Kante auf seinen Scheitel. Über ein waagrechtes Gratstück mit mehreren Zacken zum 2. Turm und gerade hinauf auf diesen. Vom Fuß des 3. Turmes auf einem Felsband nach links querend erreicht man über eine senkrechte Wand den Scheitel dieses Turmes. Der nun folgende letzte Aufschwung wird zunächst durch eine brüchige Rinne überwunden, die in einen 5m hohen Kamin führt. Durch diesen auf eine kleine Kanzel, dann über senkrechte Wandstellen, schließlich durch einen nach links ziehenden Riss auf eine kleine Nase. Von hier die letzten 200m über Blöcke und kleine Türme zum Gipfel.

5.8.2 Nordostwand des Hauptgipfels (Bertl-Groß-Gedächtnis-Weg) (6-/700m)

Diese Route wurde von Willi Wechs und Franz Tröndle im Sommer 1940 erstmals durchstiegen. Die 700m hohe Wand liegt zwischen dem zum Hauptgipfel emporziehenden N-Pfeiler (rechts) und der zur O-Schulter hinaufziehenden N-Wand (links). Ein schwarzer, glatter, senkrechter, zum Teil wasserüberronnener Wandgürtel von etwa 150m Höhe. Der Einstieg befindet sich etwa in der Mitte zwischen P. 1940 und P. 1970.

Die Route

Über geschliffenen, griffarmen Fels auf einen auffallenden Kamin im mittleren Teil dieses Wandgürtels zu. Durch den 40m hohen Kamin gutgriffig auf ein steiles, nach links aufwärts strebendes, glattes Plattenstück, über dessen rechte Begrenzung man darüber liegende sperrende Überhänge erreicht.

Mit Seilzug links aufwärts zur linken, sehr ausgesetzten Kante des Plattenstücks. Das von den Schneefeldern des oberen Wandteils genährte Schmelzwasser berieselt die darunter liegenden Wandstücke wohl den ganzen Sommer, was ihre Ersteigung wesentlich erschwert. Das nächste Ziel sind zwei übereinander liegende, horizontal laufende und aus der Wand herausragende, etwa 60 m lange Felsschichten. Die untere von ihnen erreicht man durch einen nach links abwärtsführenden Seilquergang über griffarme, wasserüberronnene und ausgesetzte Felsen. Ebenso weiter auf die obere Schicht. Dieser folgt man ausgesetzt, etwa 50 m nach links, um sie dann gerade ansteigend über sehr schwierige, ausgesetzte Felsen zu verlassen. Hier beginnt der zweite, leichtere Wandteil, der über zahlreiche brüchige Bänder und Stufen zum Gipfel führt, wobei ein hornartiges Felsgebilde die Richtung weist.

5.8.3 **Nordpfeiler** (4 und 3 | 4 Std.)

Diese Route wurde 1934 von Willi Wechs eröffnet. Sie gilt als die einfachste Klettertour an diesem Berg.

Die Route
Führt über den die Nordostwand begrenzende Pfeiler. Sie ist nicht so schwierig wie die NO-Wand, das Gestein brüchig wie überall an diesem Berg.

5.8.4 Hochvogel-Ostschulter (2474 m), Nordwand

Die anspruchsvollste Route am Berg. Laut Erstbegeher Willi Wechs eine der ganz großen Touren der Nördlichen Kalkalpen. Teilweise 6-, im unteren Wandteil leichter.
Wandhöhe rund 500 m. 5-7 Std.

Zugang
Vom Prinz-Luitpold-Haus auf AV-Steig über die Balkenscharte zum „Kalten Winkel". Nun den Weg zum Fuchsensattel abwärts bis in das große Blockgewirr. Von hier übersieht man die Wand am besten. Man quert gerade hinüber zum Einstieg.

Die Route
Zunächst über unschwierige Schrofen und Wandln links aufwärts zu einer grottenartigen Schlucht, die meist bis spät in den Sommer hinein in ihrem Innern einen Schneekegel trägt. Über die linken Wände der Grotte hinauf und über ihr nach rechts querend erreicht man ein schon von unten sichtbares Band. Es zieht nach rechts aufwärts bis in die Gipfelfalllinie der O-Schulter. Hier setzt die geschlossene Gipfelwand an, und es ist nicht leicht, den richtigen Einstieg zu finden. Die linke Hälfte der Wand ist von einem senkrechten Kamin durchrissen, doch ist dieser bei vollständig aperem Fels von unten unmittelbar nicht zu erreichen. Dagegen ist etwa 1 SL rechts tief vor dem Kaminansatz die Schlüsselstelle. Es geht über zwei Überhänge, wonach man, nach etwa 30 m, ein schmales Gesims erreicht, das ausgesetzt nach links in obengenannten Kamin leitet. Dieser wird verfolgt, bis er ungangbar wird. Dann verlässt man ihn nach rechts, um nach etwa 15 m langer Querung durch die Wand gerade empor zum Gipfelsteinmann anzusteigen.

5.8.5 Ostnordostgrat (Fuchsengrat)

Der 1,5 km lange, anfangs mit Latschen bewachsene ONO-Grat ist schon mehrfach überklettert worden. Erste Winterbegehung: G. Maier und H. Niederberger am 22./24. Februar 1963. Zeitraubendes Unternehmen mit wechselnder Schwierigkeit: 4, 3 und 2 (bei Beibehaltung der Grathöhe mehrere Abseilstellen). Der Grat bietet – insbesondere wegen der Tiefblicke in die N-Wände – eindrucksvolle Bilder. Wegen großer Brüchigkeit sehr selten begangen. Gesamtzeit, je nach Mitnahme der Grattürme, 5–10 Stunden.

Die Route
Vom Fuchssensattel stets der Grathöhe über mehrere Türme aufsteigen zur O-Schulter. (Steinmann). Vom Steinmann in Anstiegsrichtung etwa 10 m zurücksteigen, sodann auf abfallendem Band nach links in die Scharte zwischen O-Schulter und Hauptgipfel queren, 10 min. Über unschwierigere Schrofen zum Gipfelkreuz. Eingehende Routenschilderung erübrigt sich, da die Beibehaltung der Gratlinie den schönsten Aufstieg darstellt und ein Ausweichen in die Flanken (zahllose Variationsmöglichkeiten) wegen der maßlosen Brüchigkeit des Gesteins nicht ratsam ist!

5.8.6 Hochvogel-Nordwestschulter (2454 m), Südwestgrat

Lanig und Dehm, 1948. **4 /** Kletterhöhe rund 400 m.
Der Grat zieht sich von P. 2060 aus bis zum Gipfel der NW-Schulter, wobei er, etwa bei P. 2407, vom üblichen Hochvogelweg geschnitten wird. Einstieg bei P. 2060.

Die Route
Anfangs auf der Gratkante (3-) bis zum ersten Steilaufschwung. Von zwei sichtbaren und auffallenden Kaminen vermittelt der südl. (rechte) den Weiterweg. Über unschwierigen Fels sodann auf eine ebene grasige Schulter. Der zweite Steilaufschwung wird durch Risse und Verschneidungen hart südl. (rechts) der Gratkante überwunden. Schließlich luftiger Quergang unter weit heraushängenden, großen Blöcken in eine Rinne und weiter durch einen kurzen, senkrechten Kamin zum Beginn der „Schnur" am Hochvogelweg. Nun durch eine Verschneidung zu einem weitüberdachten nach rechts ziehenden Band und auf dem Grat mit gelegentlichem Ausweichen nach N zum Gipfel.

5.8.7 Südostwand

6/A1 (einige Stellen). Wandhöhe etwa 350 m.

Die Route
Einstieg in der Fall-linie des Gipfels. Eine SL über einen pfeilerartigen Felsrücken gerade empor. Weitere 3 SL zunächst unschwierig linkshaltend, dann wieder gerade hinauf. Nun folgen vier übereinanderliegende, nahezu senkrechte Wandstücke. Durch das erste, von links nach rechts ansteigend, etwas links der Falllinie beginnend hinauf. Weiter, ebenfalls etwas rechtshaltend, durch das zweite. Das dritte sehr schwierig senkrecht empor. Zunehmend schwierig durch das nun folgende letzte Wandstück, das über festen, aber kleingriffigen Fels (zwei Überhänge) in der Mitte bezwungen wird (6/A1, mehrere H). Die Wand legt sich nun stark zurück. Sie mündet in den obersten Teil des Bäumenheimerweges.

Die Hochvogel Nordseite

6 Die Wiedemerhöhle (Schlechtwetterprogramm für Kletterer)

In der Nordwand des Wiedemerkopfes befindet sich in 1915 m Höhe eine Höhle. Ein Besuch lohnt sich für Kletterer besonders dann, wenn das Wetter für alpine Klettertouren ungeeignet ist.

Für den Zustieg werden von der Hütte etwa zehn Minuten benötigt. Er ist durchwegs mit einem Drahtseil gesichert. Für weniger geübte Kletterer ist dennoch Seilsicherung empfehlenswert. In der Höhle selbst sind kurze Kletterstellen im oberen 3. Grad zu bewältigen. Es stecken einige Bohrhaken.

Achtung
Hilferufe aus der Höhle sind von außen nicht zu hören. Ein Handynetz ist nicht verfügbar. Aus Sicherheitsgründen sollten auch Ersatzlampen mitgeführt werden und ein geplanter Höhlenbesuch beim Wirt gemeldet werden.

Die Höhle wurde im Jahr 2003 von Dietmar Heinrichs vermessen. Seine Aufzeichnungen werden nachfolgend wiedergegeben.

Ansicht von Norden

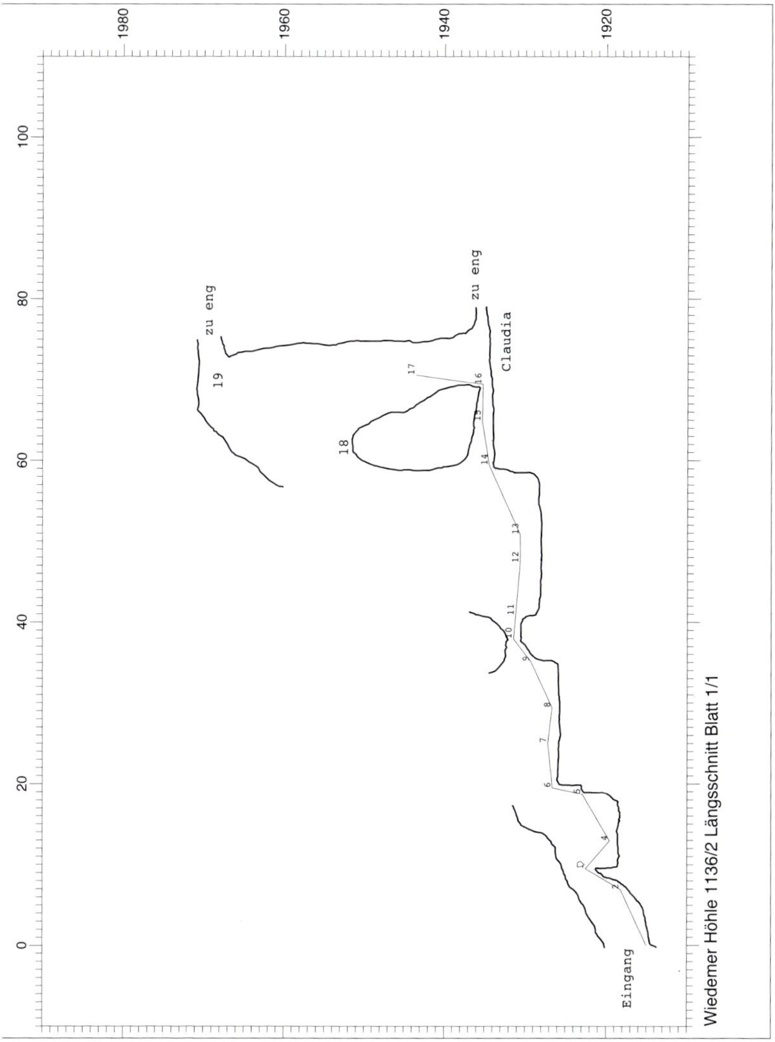
Wiedemer Höhle 1136/2 Längsschnitt Blatt 1/1
Eingang
Claudia
zu eng
zu eng
18
19
1980
1960
1940
1920
0
20
40
60
80
100

7 HISTORISCHES

7.1 Hüttenchronik des Prinz-Luitpold-Hauses

Am 26. Dezember 1879 beschließt die Generalversammlung der Sektion Allgäu Immenstadt des Deutschen und Österreichischen Alpenvereins am Hochvogel ein Unterkunftshaus zu erreichten, da immer mehr Alpinisten diesen Berg besteigen wollen und es nur wahrlich strammen Bergsteigern möglich sei, den Weg von Hinterstein und zurück in einem Tage zurückzulegen. Oberjäger Leo Dorn aus Hindelang legt den Standort des Bauwerkes fest. Am 1. September 1880 wird mit dem Bau begonnen. Schon am Ende des Monats war der massive Steinbau

Prinz-Luitpold-Haus anno 1881

nach den Plänen von Herrn Rauch, 2. Vorsitzender der Sektion von Maurermeister Schneider aus Hindelang und Zimmermeister Wechs aus Hinterstein fertiggestellt worden.
Wegen eines frühen Wintereinbruchs konnte das neu errichtete Hochvogelhaus nicht mehr der allgemeinen Benützung übergeben werden. Das Haus bot Unterkunft für 12 Personen, daneben war eine Küche mit Herd vorhanden.
Am 3. und 4. Juli 1881 fand die Einweihungsfeier des Hauses statt. Mit großer Freude wurde die Mitteilung vernommen, dass „das Haus für dessen Bau seine königliche Hoheit, Prinzregent Luitpold von Bayern den Grund zur Verfügung gestellt hat, fortan seinen Namen tragen dürfe". Insgesamt waren 92 Teilnehmer bei der Eröffnungsfeier eingetragen. Es wurde berichtet, dass Sektionsvorstand Edmund Probst wegen Überfüllung der Hütte in einer Feuerwerkskiste übernachtet hatte.

1893	Der Weg vom Nebelhornhaus (heute Edmund-Probst-Haus) übers Laufbacher Eck zum Prinz-Luitpold-Haus wird fertig gestellt.
1896	Wurde das für die ständig zahlreicher werdenden Besucher zu klein gewordene Haus erweitert. Das vergrößerte Haus wurde erstmals einem Hüttenwirt unterstellt.
1896 bis 1903	Hüttenwirt: Theodor Spindler Fertigstellung des Jubiläumsweges vom Prinz-Luitpold-Haus zur Willersalpe.
1904 bis 1906	Hüttenwirt: Herr Kaufmann aus Hinterstein.

7 HISTORISCHES

1907 bis 1909	Hüttenwirt: Konstantin Besler aus Hinterstein. Das Prinz-Luitpold-Haus wird zum zweiten Mal erweitert.
1909 bis 1936	Versorgt der Träger „Mothes" das Haus mit dem Notwendigsten.
1910 bis 1923	Wurde das Haus von Mitgliedern der Sektion bewirtschaftet.
1923	Es wird geklagt, dass zunehmend Bergsteiger und Hüttengäste unterwegs seien,die man sich nicht wünsche: Rotes Revolutions- und Mordsgesindel, Hüttendiebe, Wildschützen und Naturschänder machten auch vor dem Prinz-Luitpold-Haus nicht halt.
1924 bis 1933	Hüttenwirtin: Verena Ochsenreiter
1929	Einrichtung einer öffentlichen Telefonzelle. Kosten: 1960,– Reichsmark
1934 bis 1939	Hüttenwirt: Willi Wechs aus Hindelang. Unter seiner Leitung erlebte das Haus seine „goldene Zeit" und wurde zu einem weit über das Allgäu hinaus bekannten Stützpunkt für fast alle Spielarten des Alpinismus.
1935	Willi Wechs bewirtschaftet das Haus erstmals im Winter als Skitourenstützpunkt. An einem Märzwochenende wurden 200 Übernachtungen gezählt. Knapp 100 Bergsteiger erreichten den Gipfel des Hochvogels. Es wurde in Erwägung gezogen, den Wasser-

spiegel des kleinen Sees hinter der Hütte durch Verdichtung des Abflusses anzuheben.

Aus Kostengründen wurde dieser Plan nicht umgesetzt. Willi Wechs erbaute auf eigene Kosten einen Weg durch die West- und Nordflanke auf den Wiedemerkopf, der auch heute noch als üblicher Normalweg gilt.

1936 Bau der Materialseilbahn

Das Prinz-Luitpold-Haus wird zum dritten Mal erweitert. Die Bauarbeiten zogen sich wegen eines frühen Wintereinbruchs bis zum 15. Dezember hin. Ungewöhnlich starke Schneefälle behinderten den Bau. Am 4. Dezember ging vom Wiedemerkopf eine gewaltige Lawine auf das Haus hernieder. Der massive Steinbau hielt jedoch stand und teilte die Lawine. Die „Schafhofstütze" der Materialbahn wurde dabei wie ein Streichholz geknickt. An der Hütte wurden nur Fenster eingedrückt und das Dach beschädigt. Von den Bauarbeitern kam niemand zu Schaden.

1937 „Großzügige Erweiterung" der Hütte.

1940 Im September 1939 muss Willi Wechs in den Krieg ziehen. Das Haus ist im Sommer 1940 ohne Wirt.

7 HISTORISCHES

1941 bis 1953	Hüttenwirt: Lise Braxmaier aus Oberstdorf Das Prinz-Luitpold-Haus verzeichnete im Jahr 1947 15500 Übernachtungen. Dieser Rekord wurde bis heute nicht überboten. Im Januar 1951 führten ungewöhnlich heftige Schneefälle zu zahlreichen Lawinenabgängen. Hüttenreferent Karl Waibel berichtet: In der Sorge um das Luitpoldhaus nach den schweren Schneefällen und den vielen niedergegangenen Lawinen schickte ich am 10. Februar zwei junge Leute, um nach dem Rechten zu sehen. Die Befürchtungen bewahrheiteten sich. Vom Wiedemerkopf war eine Staublawine niedergegangen und hatte am Haus einigen Schaden angerichtet. So war das Dach gehoben, der Küchenfensterstock eingedrückt, die Küche voll Schnee und deren Einrichtung beschädigt.
1954 bis 1956	Hüttenwirt: Anton Besler aus Hinterstein Eine große Zahl von Festgästen feierten am 22/23. September das 75 Jährige bestehen des Hauses.
1957 bis 1960	Hüttenwirt: Roland und Magdalena Burkhardt aus Hinterstein.
1961 bis 1964	Hüttenwirt: Roland Schedler aus Oberstdorf
1965 bis 1973	Hüttenwirt: Gerold und Paula Berktold aus Vorderhindelang.

1967	Abermals wurde das Haus von einer Lawine aus der Wiedemerrinne schwer beschädigt. Ein Teil des Daches wurde abgedeckt und ein Schlafraum war mit Schnee gefüllt.
1970 bis 1974	In vierjähriger Bauzeit wird das Haus von Grund auf saniert. Außerdem wurde nach den Plänen von Friedemann Reich ein separates Winterhaus mit 16 Lagern errichtet.
1974 bis 1977	Hüttenwirt: Reinhard Gartenmaier aus Vorderhindelang.
1978 bis 1987	Hüttenwirt: Sepp Uth vom Kleinwalsertal.
1981	Sektionsvorstand Wolf Steidele zelebriert einen eindrucksvollen Festakt zum 100-jährigen Hüttenjubiläum.
1988 bis 1994	Hüttenwirt: Karlheinz und Margarete Waibel aus Bad Oberdorf.
1994	Das Haus erhielt eine vollbiologische Kläranlage, Kosten 700.000,– DM
1995 bis 2000	Hüttenwirt: Gustav Harder aus Buchenberg
2000	Erneut wurde das Dach von einer Lawine aus der Wiedemerrinne schwer beschädigt.
2001 bis 2003	Hüttenwirt: Frieder Gierer aus München.
ab 2004	Hüttenwirt: Andreas Berktold aus Hindelang.

7.2 Geschichte des Ostrachtaler Alpinismus

Es waren Einheimische, die als Hirten und Jäger zur Zeit der Besiedlung des Tales als erstes in den Ostrachtaler Bergen unterwegs waren und dabei den einen oder anderen Gipfel bestiegen. Sind doch die meisten Gipfel ohne schwierige Kletterei zu erreichen. Sie bestiegen die Berge jedoch nicht aus Freude an der Natur oder aus sportlichen Ambitionen, sondern weil sie der Kampf ums tägliche Brot dort hinauf führte. Aufzeichnungen darüber sind keine vorhanden.
Die erste dokumentierte Gipfelbesteigung im Ostrachtal war die Ersteigung des Rosskopfes im Erzbergtal um 1471. Im Jahr 1471 ließ **Graf Hugo von Monfort Rothenfels** im Hintersteiner Tal **Erzgruben** eröffnen. Das Erz wurde im Tagebau im Gipfelbereich des Rosskopfes gewonnen und auf Schlitten zu Tal befördert. Aber auch von den ersten Bergunglücken wird aus einer Zeit lange vor der Geburt des Bergtourismus berichtet.

Am 9.2.1769 wurden Simon und Joseph Besler von Hinterstein in der Alpe Egg von einer Lawine bedeckt und kamen dabei ums Leben. Während einer an der oberen Waldgrenze austreten musste, stiegen die anderen beiden mit geschultertem Schlitten voraus. Eine plötzlich losbrechende Staublawine hoch droben im Felsmassiv der Pfannenhölzer hat die beiden überrascht und unter sich begraben. Der Zurückgebliebene eilte schleunigst ins Tal und berichtete von dem Unglück. Zur sofort eingeleiteten Bergung wurde in einem Rucksack ein Hahn mitgenommen. Dieser Gockel wurde an der Unglücksstelle auf dem Lawinenfeld freigelassen. Dort wo der Hahn krähte, wurde nach erprobter Erfahrung gegraben, bis die beiden Toten gefunden wurden.
Der erste, der nur aus reiner Freude an der Natur die Berge aufsuchte, war der **Fürstbischof Clemens Wenzeslaus**. Von sei-

nem Sommerschloss in Hindelang zog der hohe Herr ins Retterschwanger Tal. Allerdings in sehr unsportlicher Weise. Er wurde nämlich in einem gepolsterten Sessel in das Tal getragen. 71 Träger, die auch Proviant mitführten, sowie einige Hofkavaliere begleiteten ihn. Ganz hinten im Tal unter den Wänden des Entschenkopfs gefiel es ihm am besten. Die Stelle heißt dort seitdem „Fürstenwanne".

Im Zuge von Vermessungsarbeiten im **Jahre 1817** wurde schließlich auch der **Hochvogel erstmals** nachweislich **bestiegen**. Frühere Besteigungen konnten nicht belegt werden.

Ebenfalls bei Vermessungsarbeiten wurde die **Fuchskarspitze** im **Jahr 1860 erstmals bestiegen**. Als Erstbesteiger des **Wiedemerkopfes** sind im **Jahr 1886**, also erst fünf Jahre nach Eröffnung des Prinz-Luitpold-Hauses, **Rädler und Gefährte** genannt. **1898** wurde die komplette **Überschreitung der Fuchskarspitzen** erstmals von **Josef Enzensperger** und **Max Madlener** durchgeführt. Im Zuge dieser Überschreitung wurde auch die Madonna erstmals bestiegen. Dieser markante Gratzacken bekam seinen Namen aber vermutlich erst 30 Jahre später von **Willi Wechs**.

Über die Erstbesteigung der Balkenspitzen ist nichts bekannt.

Die anderen Berge des Ostrachtales waren vermutlich aufgrund ihrer leichten Erreichbarkeit alle schon in vortouristischer Zeit von Einheimischen bestiegen worden, welche über ihre Touren keine Aufzeichnungen hinterließen.

Bereits 1877 wurde mit Einverständnis der Sektion Allgäu-Immenstadt für den Bezirk Hindelang eine Führerordnung erlassen. Es wurden folgende Führertarife bekannt gegeben:

Gaishorn 6 Mark, mit Abstieg nach Schattwald 10 Mark, Hochvogel 12 Mark, mit Abstieg nach Hornbach 18 Mark, übers Weittaljoch auf die Urbeleskarspitze 18 Mark. Übers Himmeleck nach Oberstdorf 12 Mark, Daumen 6 Mark, (über Haseneck 8 Mark), Nebelhorn 7 Mark.

7 HISTORISCHES

Im Vergleich zu anderen alpinen Gebieten, wo zu Beginn des 20. Jahrhunderts bereits schwere und lange Felsfahrten unternommen wurden, blieb es im Ostrachtal ruhig.

Eine herausragende Leistung war jedoch die Erstbesteigung der **Schneck–Ostwand**, durch den in Oberstdorf lebenden, aus Freiburg stammenden **Phillip Risch** mit einem unbekannten Gefährten. Angeblich soll Risch nur drei Haken verwendet haben. Die Durchsteigung der kompakten Wand, deren Schwierigkeit sich durchgehend im 5. und 6. Grad bewegt, war für diese Zeit eine erstaunliche Leistung. Die Begehung wurde oftmals angezweifelt. Es gab zahlreiche Unfälle, einer davon sogar mit tödlichem Ausgang bei Wiederholungsversuchen. Die zweite Begehung gelang 14 Jahre nach dem ersten Durchstieg den Oberstdorfern **Ignaz Vogler** und **Franz Niederacher**. Der von ihnen gewählte Weg gilt heute als die übliche Route. Abermals vergehen zehn Jahre, bis einer sächsischen Seilschaft die dritte Begehung gelingt. Auf der Oberstdorfer Seite des Schnecks hatte der aus Bad Oberdorf stammende **Hermann Rädler** schon 1910 den heute noch berüchtigten Südwestgrat des Himmelhorns bestiegen, der später nach ihm benannt wurde.

Im Sommer 1923 wird die Allgäuer Bergwacht gegründet. Dieses Jahr war wohl das unfallträchtigste in der Allgäuer Berggeschichte überhaupt. Allein im Raum Hindelang/Oberstdorf waren im Sommer 1923 17 Bergtote zu beklagen. Grund dafür war wohl die Reisenschau des Deutsches Sportfestes in München, nach dessen Ende Abertausende Bergunerfahrene in die bayerischen Alpen strömten.

Paul Müller während einer Winterbegehung des Hochvogel-West-Pfeilers am 30.12.1965

Die Blütezeit des Ostrachtaler Alpinismus

Die späten 20er- und die 30er-Jahre brachten dem Alpinismus im Ostrachtal einen bisher nie gekannten Aufschwung. War die Erschließung der Berge bisher meist die Sache von auswärtigen Bergsteigern, so nahmen sich nun zunehmend Einheimische ihrer Berge an.
Inspiriert von dem Leistungsstand der Dolomitenkletterer machte sich **Willi Wechs** daran, die fast alle noch unbestiegenen heimischen Felswände zu erschließen. Als erstes gelang ihm im Jahr 1929 zusammen mit **Bertl Groß** und **Alfred Götel** die **Schwarze Wand** an der **Nördlichen Fuchskarspitze**.
Mit dem Ausbau der Gebirgsjägertruppen sowie der Gründung einer „Bergsteigergruppe" an der Eliteschule der NSDAP in Sonthofen („Ordensburg") kamen zusätzlich auch wieder hervorragende auswärtige Kletterer ins Allgäu. Der Bamberger **Hans Lobenhoffer**, der aus Bonndorf im Schwarzwald stammende **Franz Tröndle** sowie der in München geborene **Anderl Heckmair** stehen für diesen neuen Trend. Mit Franz Tröndle bestieg Wechs unter anderem auch die Muttergotteskante an der Madonna, welche später nach seinem Hausnamen **„Gütscharkante"** genannt wurde.
Mit Franz Tröndle eröffnete Wechs den **„Führerweg"** durch die **Gelbe Wand**. Dieser ist nicht etwa, was man zu dieser Zeit annehmen könnte, nach dem unheilvollen Staatsmann benannt. Der Name deutet vielmehr darauf hin, dass sie Wechs später besonders gerne als Bergführer mit Gästen durchstiegen hat. Mit **Kampmann** erschloss Wechs die **Westverschneidung** an der Fuchskarspitze. Um 1933 durchstieg er mit **Bertl Groß** die Nordwand der **Hochvogel Ostschulter**.
Doch nicht nur wegen zahlreicher Neutouren machte Wechs von sich reden. Er baute das Prinz-Luitpold-Haus auch zu einem alpinen Schulungszentrum aus.

So gab es unterhalb des 5. Grades bald keine Rinne, keine Kante an Fuchskar- und Balkenspitzen, an der nicht irgendwo geklettert wurde.
Noch heute trifft man bei vermeintlichen Erstbegehungen gelegentlich auf alte Haken aus dieser Zeit.
Doch auch im Winter war Wechs in den Alpen unterwegs. In der Silvrettagruppe besuchte er die auch im Winter für Skitourengeher bewirtschafteten Alpenvereinshütten. So beschloss er, das Prinz-Luitpold-Haus auch im Winter zu bewirtschaften.
Der Stützpunkt wurde gerne angenommen und so übernachteten an einem Wochenende im März 1935 200 Bergsteiger auf dem Luitpold-Haus, knapp 100 erreichten anderntags den Gipfel des Hochvogels.
Im Jahr 1936 fand am Prinz-Luitpold-Haus die Deutsche Skilehrerprüfung statt und zu Pfingsten wurde das erste Hochvogelskirennen durchgeführt. Der Start befand sich allerdings unterhalb der Kreuzspitze. Die Tradition dieses Rennens wird bis heute jährlich aufrecht erhalten.
In dieser Zeit warb auch der Skilehrer und Wirt des Giebelhauses **Eugen Rohrmoser** mit Skikursen im Hinteren Ostrachtal. Auch am Oberjoch, wo es zu dieser Zeit noch keine Aufstiegshilfen gab, war das Skitourengehen inzwischen sehr populär.

Doch zurück in die Felsen. An Pfingsten 1936 gelang den Immenstädtern **Toni Stolze** und **Sepp Prinz** die erste Besteigung des 650 m hohen **Westpfeilers des Hochvogels**:
„Sehr früh zeigt der Grat schon die Zähne. Eine schräge Verschneidung macht uns die erste Schwierigkeit. Sie wird mit Seilzug überwunden (Toni Stolze)".
Der aus Oberjoch stammende Bergführer **Hans Lanig** trat in den 30ger-Jahren ebenfalls durch einige schöne Neutouren hervor. So erstieg er zusammen mit **Leonhard Bach** am 25. Juni 1935 erstmals die **Nordostkante** des **Kleinen Daumens**.

„Mit dieser Tour wurden die Bergfahrten im Ostrachtal um eine Tour bereichert, die es verdient hat, in weiten Kreisen bekannt zu werden. Ich habe sie im Sommer noch vier mal geführt und jedes mal war der Kletterpartner begeistert von der landschaftlichen Schönheit und den vielen klettertechnischen Reizen (Hans Lanig)".

Im Herbst des selben Jahres gelang ihm die erste Besteigung des **Klupperkarturmes**. Mit diesem markanten Gratzacken in der Roßzahngruppe, welcher von den Hängen oberhalb von Hindelang so gut sichtbar ist, war der letzte und schwierigste Gipfel der Allgäuer Alpen bestiegen.

Am 19.September 1937 fand **Hans Lanig** zusammen mit seinem Gefährten **Fischer** einen Durchstieg durch die fast 600 Meter hohe **Nordwand der Wengenköpfe** im Retterschwanger Tal.

Hoch in der Wand entdeckte Lanig einen Haken und eine Schlinge und musste erkennen, dass das in allgäuer Kletterkreisen kursierende Gerücht, die Wand wäre schon einmal von einer auswärtigen Seilschaft durchstiegen worden, den Tatsachen entsprach. Denn bereits ein Jahr zuvor hatte dort der Münchner **Stephan Zuck** mit einem Kameraden den **„Bayerländer Weg"** eröffnet.

Auch an der **Südkante des Bschießers** waren einheimische Kletterer erfolgreich. Die Route im oberen 5. Grad wurde von den Gebrüder **Tannheimer** und **Lipp** 1935 eröffnet.

Krieg und Betretungsverbote

Doch die Blütezeit des Ostrachtaler Alpinismus war von kurzer Dauer. Der zweite Weltkrieg brachte nach und nach alle bergsteigerischen Tätigkeiten zum Erliegen.

Zwar gelang der Seilschaft **Willi Wechs** und **Franz Tröndle** im Jahre 1940 noch die erste Durchsteigung der **Nordostwand** des **Hochvogels**. Eine düstere, schwierige Wand, welche Wechs als eine der ganz großen Kletterfahrten der Nördlichen Kalkalpen bezeichnete. Zum Gedenken an seinen in Frankreich gefallenen langjährigen Seilpartner gab ihr Wechs den Namen **„Bertl-Groß-Führe“.**

„Es gab noch einige heiße Stunden. Ein Seil wurde vom Steinschlag zerfetzt. Wir mussten öfteres in Deckung gehen und ganz ohne Treffer gings trotzdem nicht, denn zwischen dem größtenteils guten Fels lag jede Menge Schutt, der nur der geringsten Berührung bedurfte um in Bewegung zu kommen. (Willi Wechs)“

Doch schon vor dem Zweiten Weltkrieg wurde vom Bezirksamt Sonthofen der NSDAP die bergsteigerische Freiheit empfindlich eingeschränkt. Im Gemeindegebiet von Hindelang wurden folgende Regionen zu **Wildschutzgebieten** erklärt:
Hirschberg, zwischen Iseler und Glasfelderkopf, Retterschwanger Tal, Breitenberg, Giebel, Salober und Schnippenkopf.

Besonders einschneidend wurde der § 2 der Verordnung empfunden, welcher lautete:
„In den vorgenannten Wildschutzgebieten ist es **verboten**, sich außerhalb der besonders freigegebenen Wege und Plätze (Verkehrswege) aufzuhalten“.
Damit waren von Ostrachtaler Seite praktisch alle Berge zwischen Glasfelderkopf und Iseler unbesteigbar geworden.

Trotz aller Gebote und Verordnungen – vielleicht war es sogar eine Protesthandlung – setzte die Ortsgruppe Hindelang des DAV für den 16.10.1938 eine Gemeinschaftstour auf das Geißhorn an. Die Sektion Allgäu-Immenstadt verfasste darauf hin folgendes **Protestschreiben** an das Bezirksamt Sonthofen.
„Die Sektion habe Verständnis für die Belange der Jäger, aber es werde kein Mensch glauben, dass man mit zwei Lastautos voll Wildschutztafeln, wie sie in das Hintersteiner Tal gefahren

wurden, einen Landschaftsverschandler zu einem anständigen Menschen erziehen könnte. Die Sektion stehe auf dem Standpunkt: Weil der Alpenverein Pionierarbeit geleistet hat in den Alpen und für die Alpen, weil der Alpenverein Mitbeschützer der alpinen Pflanzen und Tiere ist, sollen jetzt die Mitglieder in ihren Rechten beschnitten werden? Schließlich sei die Sektion mitberufen, die eigenen Mitglieder für das eigene Sektionsgebiet zu begeistern und sie nicht zu veranlassen, andere Gebiete oder gar das Ausland aufzusuchen..."

Die Antwort des Kreisjägermeisters liest sich wie folgt:
„ ...dieses Jagdgesetz ist Reichsgesetz und wenn der Alpenverein für seine Notwendigkeit kein Verständnis aufbringt, von wem solle man dann ein solches Naturverständnis verlangen? Heil Hitler"

Es bleibe, so ein damaliges Schreiben des Alpenvereins, nur der eine Wunsch offen, dass die Zeit eine Lockerung für die Alpenvereinsmitglieder bringe. Dieser Wunsch ging mit Ende der Naziherrschaft in Erfüllung. Das Reichsgesetz wurde durch die Bayerische Verfassung abgelöst und diese garantiert im § 141 (3) das freie und unentgeltliche Betretungsrecht für Jedermann zu den Naturschönheiten.

Die letzten Wandprobleme

Schon bald nach dem Zweiten Weltkrieg begannen die Bergsteiger diese neu gewonnene Freiheit zu nutzen. So gelang der Seilschaft **Sepp Uth, Herbert Kling** und **Franz Breiter** die **Direkte Westwand** der Nördlichen Fuchskarspitze.
In den 50er-Jahren machte der Ulmer **Georg Maier** von sich reden. Zusammen mit **Rolf Herrmann** gelang ihm in 14-stündiger Kletterei die erste Winterbegehung der Wengenkopf- Nord-

wand. Zwei Jahre zuvor hatte er schon zusammen mit **Alfred Wieland** die **Direkte Gelbe Wand** (6) im **Winter** erstmals bestiegen.

„Zum Glück ist das kleine Wändle eisfrei. Kleingriffig und ausgesetzt führt es hinauf zur ersten schweren Stelle, dem schiefen Riß. Seine Überhänge drücken weit hinaus, viel Luft ist rundrum. Drunten ziehen derweil in Scharen die Skifahrer die weiten Hänge hinauf zur Kreuzspitze. (Georg Maier)"

Zunehmend wurden aber auch steile, abweisende Felspassagen technisch, das heißt unter Zuhilfenahme von Haken überwunden.

Im Sommer 1951 machten sich **Bene Götzfried** und **Max Neuner** daran, die auffallende **Gelbe Platte** in der Westwand der **Balkenspitze** zu durchsteigen. Die glatte, nur von feinen Rissen durchzogene Platte war frei nicht zu durchklettern und so mussten an einigen Stellen Haken zur Fortbewegung verwendet werden.

Auch die markante, das hintere Ostrachtal beherrschende **Nordwand** des **Giebels** hatte es Bene Götzfried angetan. Zusammen mit **Hans Freuding** versuchte er Anfang der 60er-Jahre einen Durchstieg durch die Wand zu finden.

Der Versuch scheiterte nach drei Vorsteigerstürzen an einem glatten, hakenfeindlichen Überhang.

„Wir konnten damals halt noch nicht bohren" (Bene Götzfried).

Somit ist die Nordwand des Giebels wohl das **letzte** bis heute **ungelöste Wandproblem** im Allgäu.

Erfolgreicher verlief 1966 der Versuch der Seilschaft **Ernst Popelka, Heinz Fanger und Fritz Ketterle,** einen Weg durch die dolomitenhaft steile **Westwand** des **Wiedemergrates** zu finden. Die von ihnen gefundene Route wurde hakentechnisch eröffnet (5+/A1) und wird heute in freier Begehung mit dem 7. Grad bewertet.

Mit der Durchsteigung der direkt oberhalb des Prinz-Luitpold-Hauses gelegenen **Nordwand** des **Wiedemerkopfes** (6 A0 oder 7-) Anfang der 70er-Jahre beendeten **Max Keck** und **Engelbert Wille** diese Epoche des Ostrachtaler Alpinismus. Bei dieser Erstbegehung wurden **erstmalig Stichtbohrhaken** eingesetzt, da manch glatte Wandpartie anders nicht zu überwinden war.

Die nächsten Jahre verliefen ziemlich ruhig. Auch Einheimische Kletterer zogen weiter entfernte Klettergebiete den Ostrachtaler Bergen vor. Die vergleichsweise geringen Wandhöhen mit ihren meist langen Zustiegen sanken mehr und mehr in der Gunst der Bergsteiger.

Die Sportkletterära

Die Ende der 80er-Jahre aufkommende Sportkletterbewegung brachte wieder neuen Schwung ins Geschehen. Namen wie **Klement Anwander, Herbert Mayer, Stefan Vogt und Hartmut Wimmer** sind mit diesem neuen Trend im Ostrachtal verbunden. Ihre Aktivitäten verlagerten sich von den alpinen Wänden zunehmend in die talnahen Klettergärten.
An den bisher nur für gelegentliche Übungen genutzten Felsen am **„Weihar“**, an der **„Voglere“** und an der **„Kellerwand“** wurden zahlreiche kurze, bestens abgesicherte Sportkletterouten bis in die höchsten Schwierigkeitsgrade erschlossen.
Ziel war es nicht mehr irgendeine Wand zu durchsteigen, sondern gut gesichert schwierigste Einzelstellen zu überwinden.
Das Sportklettern erfreute sich seit Ende der 80er-Jahre besonders bei der Jungend großer Beliebtheit. Der Klettergarten „Weihar“ zählt seit dem zu den meist besuchtesten im Allgäu.

HISTORISCHES 7

Klettern in den 80er-Jahren (Flori Haas in der „Madonna-Ostwand")

7 HISTORISCHES

Anfang der 90er-Jahre war es **Christoph Finkel** aus Bad Oberdorf, der für Schlagzeilen in der Sportkletterszene sorgte. 1993 belegte er bei einem Sportkletterwettkampf in Laval/Frankreich den ersten Platz und wurde damit Weltcupsieger.

Auch ins Gebirge brachten **Anwander** und **Wimmer** diesen neuen Trend. So eröffneten sie jeweils nach einem Tag Vorbereitung in der Nordwand des Wiedemerkopfes drei Routen im 7. und 8. Grad, welche noch heute zu den schwierigsten im Ostrachtal zählen.

Das in der Schweiz und Frankreich schon längst praktizierte Streben nach mehr Sicherheit im Bergsport machte sich auch im Ostrachtal bemerkbar. Gut abgesicherte Routen sollten nicht nur den Sportkletterern in höchsten Schwierigkeiten vorbehalten sein. So war es vor allem **Kristian Rath**, der an der Fuchskarspitze die oft noch von den Erstbegehern stammenden Haken durch moderne Klebehaken ersetzte. Am Schneck waren diesbezüglich **Hans Martin** und **Albert Schwarz** tätig. Letzterer hatte die Schneck Ostwand 40 Mal durchstiegen und am Wengenkopf war es vor allem **Markus Berktold**, der die Route mit Bohrhaken ausstattete.

Die letzte Erschließungswelle in den Ostrachtaler Bergen wurden von **Jürgen und Michael Schafroth** aus Immenstadt und **Toni Steurer** aus Oberstdorf eingeleitet. Die drei eröffneten 78 Jahre nach der Erstbegehung der klassischen Schneck-Ostwand am Schneck eine Reihe neuer anspruchsvoller Wege im 7. und 8. Grad.

Mehr Trendsportarten

Die Entwicklung zu mehr Trendsportarten machte auch vor dem Ostrachtaler Alpinismus nicht halt. Neben dem Sportklettern erfreut sich seit den späten 80er-Jahren das Eisklettern im Winter steigender Beleibtheit. Gerade das Bärgündletal mit seinen zahlreichen im Winter gefrorenen Wasserfällen bietet dem Eiskletterer ein reiches Betätigungsfeld. Aufgrund der schwierigen Erreichbarkeit hat sich der Schwerpunkt dieser spannenden alpinen Spielart aber auf die ortsnahen Wasserfälle am Ellesbach, Hirsch- und Zipfelsbach verlagert.

Das in den 80er-Jahren aufkommende Gleitschirmfliegen schien sich eine Weile lang als bequeme Abstiegshilfe für Bergsteiger zu entwickeln. An sonnigen Nachmittagen sah man einen Gleitschirmpiloten nach dem anderen vom Hirschberg starten. Aber auch Berge wie das Rauhorn und der Glasfelderkopf waren in den Anfangszeiten dieses Trends beliebte Startplätze. Doch dieser Sport entwickelte sich anders. Die Schirme wurden leistungsfähiger, eigneten sich zunehmend für stundenlange Streckenflüge, waren aber, um sie auf einen Gipfel hinaufzutragen, bald zu groß und zu schwer.

Wie immer sich auch der Alpinismus entwickelt: Das Ostrachtal wird in dieser Entwicklung ein Nebenschauplatz sein. Aber ein besonders schöner, dessen Qualitäten sich oft erst auf den zweiten Blick offenbaren.

Bad Hindelang an einem furchtbar heißen Sommertag im Juli 2006.

7.3 Beschriftungen auf den Balken in der Gaststube

Die Deckenbalken in der Gaststube wurden vermutlich in den 30ger-Jahren des letzten Jahrhunderts von einem unbekannten Künstler stilvoll mit Weisheiten im Oberallgäuer Dialekt beschriftet. Im Zuge der Neugestaltung der Gaststube wurden die in „Sütterlin" beschrifteten Balken von Albert Schmid sorgfältig restauriert.

a Gfred, s`ischt fascht zum vergegge,
ma sot schu bold hofele na as Lond
Ein Umstand ist es fast zum Verrecken, man sollte schon bald hinab ins Land (ins Tal)

Hop i d`Hitte
Hopp in die Hütte

Wea i de Bearge s`still sing it vrlearnad,
deam sot ba s`Mül mit Murbeledreck vrschobbe.
Wer in den Bergen das Still sein nicht erlernt, dem sollte man das Maul mit Murmeltierexkrementen verstopfen.

Wea viel schwätzt, dea luigt die mol a so, daß a
bloaß seal no glöübt, was a sait –
drum sot ban allui long mit sina Sprü und flieche.
Wer viel erzählt der lügt so, dass er nur noch selbst glaubt, was er erzählt. Darum sollte man ihn alleine lassen mit seinen Sprüchen und fliehen.

a bitzle a Wieberrat ist guet.

Beim Klimme hon i verlikerled, nawearts däte drei Teifel schiebe, aber iberse hilft dr a gonza Rucksack volla Heilige it, wenn de seal nuits bisch, – des merk dr güet.
Beim Bergsteigen habe ich es verstanden, hinunter würden drei Teufel schieben, aber hinauf hilft dir ein ganzer Rucksack voll Heiliger nichts, wenn du selbst nichts bist. Das merke dir gut.

A bitzle a Schnaps und a bitzle a Wiberrot isch güet, aber z`viel isch vum Übel
Ein bisschen Schnaps und ein bisschen Frauen sind gut, aber zuviel ist ein Übel

Bei dr. Lieb isch es wie beim Fuire: Ui Schitt allui brennt ist – es gluimet bloaß a so kimmerle
Mit der Liebe ist es wie beim Feuer machen: Ein Scheit alleine brennt nicht. Es glimmt nur so kümmerlich

Kum neamed amol drwiel, hocked a bitzle hea zum huigarte
Komm nehmt euch mal Zeit, hockt ein bisschen her zum Schwätzen.

Die Deckenbalken in der Gaststube

7.4 400 Jahre Hochvogelchronik

von Karl Schott, Memmingen
mit Ergänzungen von Kristian Rath

Das erste Mal taucht der Name Hochvogel im Jahre 1561 als „Hochfogl“ und 1564 „in Hohen Vogel“ in einer Abtretung des Grafen Montfort an den Augsburger Bischof auf **(1)**.
Noch früher (1485), nennt eine Grenzbeschreibung der Grafschaft Rothenfels die „Horapachspitze“ **(1)**, die aber der Örtlichkeit nach mit der heutigen (unscheinbaren) Hornbachspitze nicht identisch sein kann; Steiner **(2)** sieht in ihr eher den Hochvogel. Und das Jagdbuch des Kaisers Maximilian I. (um 1500) nennt im Gemsrevier Jochbach u.a. den Punkt „in Undervogl“ **(18)**. Auf einer Landkarte erscheint der Name Hochvogel wohl erstmals auf der Karte der Grafschaft Tirol von Warmund Ygl (1604/05) **(3)**. Verblüffend ist dabei das (beinahe) naturgetreue Abbild des Hochvogels; es ist ja bekannt, dass Ygl den Norden Tirols persönlich kannte **(19)**. Auf der Ygl-Karte erkennt man südlich des Berges den Ort „Pretter Hoff“; an dessen Stelle vermutet man das heutige Hinterhornbach. Auch die Tirolkarte von Joh. Bapt. Homann (1664–1724) kennt im Hinterhornbachtale nur „In Brettern“ und „Hornbach“ statt Vorderhornbach. Die Karte von Anich (1774) zeigt an dieser Stelle das – wahrscheinlich verschriebene – „Pretela“ (mundartlich noch heute „Brettera“ **(20)**. Und die neueste Alpenvereins-Karte nennt noch heute den „Bretterhof“ am Zusammenfluss von Jochbach und Hornbach **(4)**.
Ein weiteres frühes Dokument stammt aus dem Jahre 1583. Da berichtet ein Forstknecht aus Tannheim, er habe mit einigen Bischöfischen (Augsburg) die Grenz-Marken begangen; „Hochvogel“ habe man aus der Ferne als Mark gelten lassen, auf den anderen Gipfeln die „Kreuze und stainige man meißt nicht gefunden“ **(1)**.

Außer den oben genannten Karten nennt auch die Tirol-Karte von Merian (1649) den Hoch Vogel – ein Zeichen für die „hervorragende“ Stellung des Hochvogels als Grenzmark zwischen Schwaben und Tirol.
Um 1767 – also vor 212 Jahren – soll er bereits von einem Hirtenknaben erstiegen worden sein. Der Steinmann, den er aufstellte, war bei den trigonometrischen Arbeiten 1817/18 halb verfallen **(5)**.
1791 erscheint das Lexikon von Schwaben (de Luci), darin steht der lapidare Satz: „Zwo Stunden hinter Sonthofen steht der Hochvogel, der an 9000 Fuß Höhe hat und oben Granit zeigt.“
1807 schreibt der Memminger Freiherr Friedrich von Lupin: In der selben Nacht, in welcher er zum Mitglied der Akademie der Wissenschaften in München berufen wurde, übernachtete unser Freund (Lupin) in einem acht Schuh tiefen Schnee am Hochvogel. Als er nach drei Sommermonaten mit Winterbeulen und einer erfrorenen Zehe von den Bergen zurückkehrte, war es zu spät, für seine Ernennung zu danken!
Bemerkenswert dabei ist, dass ganze Generationen alpiner Chronisten den Fehler A. Spiehlers (in der „Erschließung der Ostalpen“) abschrieben, von Lupin hätte „auf“ dem Hochvogel übernachtet; die Reihe der berühmten Gipfelbiwaks auf diesem Berg begann erst später **(6)**.
Ein weiterer früher Hochvogel-Bezwinger soll um 1834 der Hirt der Stierbachalpe gewesen sein – dagegen protestierte „Adlerkönig Leo Dorn“. Wo die Hirten hinkommen, seien Jäger lange vorher gewesen. Er wisse bestimmt, dass sein Vater (von Oberstdorf) als lediger Bursche mit dem bekannten Schwäbeler den Gipfel noch vor 1834 bestiegen habe **(7)**.
Noch früher aber müssen Geometer oben gestanden haben, denn bereits während der obengenannten Dreiecksaufnahme des Allgäus 1818/19 oder spätestens während der 1820 erfolgten Detailaufnahme 1:5000 wurde der Hochvogel mit einem Signal versehen **(7)**. Von Tirol aus fand die erste Triangulie-

rung 1816 bis 1820 statt, die daraus resultierende Spezialkarte 1:144000, nennt als trigonometrischen Punkt ebenfalls unseren Hochvogel **(7)**.
Dann kamen die Wissenschaftler und Amateur-Botaniker. Nämlich 1832 der Apotheker Trobitius aus Kempten. Seine Besteigung gilt als „1. touristische", sie war anfangs sogar umstritten. 1854 folgte ihm der Bergmeister C. W. Gümpel, ein Rheinländer, der die Allgäuer Hochalpen geognostisch durchforschte und eine „Geognostische Beschreibung des bayerischen Alpengebirgs" herausgab **(7)**.
Der erste Unfall passierte 1841 (Kalter Winkel), der Verunglückte war der Assessor Alois Geschwender (Sonthofen), viele weitere sollten ihm folgen **(7)**. Als erster Besteiger des Hochvogels – aus dem Lechtale kommend – erscheint 1842 der um das Lechtal hochverdiente Graveur Anton Falger (Elbigenalp). „Um 10 Uhr kamen wir oben gut an; wenn ich wieder hinaufgehe, so gehe ich nicht wieder ins Weittal. Über Fuchsensattel ist es näher" **(8)**. Diesen Weg nimmt dann 1853 der österreichische Lieutenant Hittern: „Ab Hinterhornbach durchs Fuchsloch und Kalten Winkel südlich zur Scharte, südöstlich zum Gipfel!" Damit war der kürzeste Normalweg aus dem Lechtal gefunden **(7)**. Im ältesten Allgäuer „Spezialführer" schreibt Dr. Groß (Oberstdorf) 1856: Vor beiläufig 25 Jahren wurde der Hochvogel sehr selten bestiegen und man hielt die Schwierigkeiten und Gefahren dieser schroffen Felsmassen zu überwinden für größer, als sie in Wirklichkeit bestehen. Heute zählt der Gang nach seiner luftigen Spitze zu den gewöhnlichen Touren **(9)**.

Schließlich schreibt A. Steudel 1864: Herr Weilemann von St. Gallen, dem es an Kühnheit des Bergsteigens niemand als die Gemse zuvortut, hat auf dem Hochvogel sein Nachtlager aufgeschlagen, und zwar – allein. Auf einem Felsband hatte er sich sein Bett aus Steinen und Gras zurecht gemacht, während daneben ein aus zusammengerafften trockenem Grase und von Führen zurückgelassenem Holze angemachtes Feuerchen brannte. Nach Mitternacht hielt er es vor Kälte kaum mehr aus, und rieb sich den Leib mit den am Feuer heiß gemachten Steinen **(10)**.

Das berühmteste Hochvogelbiwak war jedoch das des Freiherrn Hermann von Barth. Am 19. Juli 1869, acht Uhr abends, 10 Stunden nach seinem Aufbruch in Sonthofen, erreichte Barth den Gipfel des Hochvogels. Das erste Gipfelbuch beginnt 1876 und verzeichnet in diesem Jahr zehn Hochvogelbesucher, wahrend im Eröffnungsjahr des Prinz-Luitpold-Hauses (1881) diese Zahl auf 105 „schnellte" **(12)**.

Im Februar 1883 bricht vom Prinz-Luitpold-Haus der obengenannte Leo Dorn mit Begleiter Richtung Fuchsensattel – Hinterhornbach auf. Der Gipfelkörper ist wegen vorausgegangenem Regen förmlich vereist, an der „Schnur" bleibt daher der Begleiter zurück. Ohne Pickel und Steigeisen vollbringt Dorn die 1. Winterbesteigung des Hochvogels. Seine Eintragung ins Gipfelbuch: Herrlich ist die Aussicht, wie ich eine solche noch nie gesehen habe. Beschwerlich und gefährlich war das Steigen, besonders am letzten Kegel.

Um die Jahrhundertwende wird es auch auf der Tiroler Seite des Berges lebendig, als Dr. Oskar Mey aus Bäumenheim im Wettbewerb mit Kaufbeurer AV-Mitgliedern durch die Südseite des Bergs einen gesicherten und markierten Steig bauen lässt. Er stellt dazu während mehrerer Wochen des Jahres 1900 bis zu 30 Arbeiter seiner Fabrik ab. Der Weg wird „Bäumenheimer Weg" genannt.

1933 eröffnet Bergführer und Luitpold-Haus-Wirt Willi Wechs eine Anzahl neuer Routen mit der Erstbegehung der Nordwand des Berges. Jahre später durchstiegen sie sogar 6 Sonthofer Gebirgsjäger mit einem Granatwerfer im Gepäck (Georg Maier). Die gleiche Wand wird von Wechs und Blanz am 22.5.1936, also bei winterlichen Verhältnissen, durchklettert.

7 HISTORISCHES

Am 27.6.1935 machte der Berg durch einen großen Bergsturz von sich reden. An diesem Tag lösten sich einige tausend Kubikmeter Gestein aus der Südwestwand des Hochvogels und brachen unter gewaltigem Dröhnen hinunter in die Gründe des Weittals. Auf den umliegenden Gipfeln wurde nicht nur der Donner des Bergsturzes von Touristen vernommen, sondern auch die riesige braunschwarz gefärbte Staubwolke betrachtet, die das Ausmaß der Naturkatastrophe ahnen ließ. Sie forderte kein Menschenleben und richtete keinen Schaden an, da sie sich ausschließlich im Urweltsbereich abspielte. Dieser große Bergsturz und viele kleine andere beweisen jedoch, dass die Verwitterung gerade am Hochvogel mehr als an anderen Gipfeln tätig ist. Zurückzuführen ist dies auf die waagrechte Schichtung des Gesteins, das dem an sich zerstörungsanfälligen Hauptdolomit angehört.

„Eine der größten klassischen Felsfahrten in den Nördlichen Kalkalpen" nennt Wechs die Erstbegehung des 650m hohen Westpfeilers durch die Immenstädter Stolze/Prinz (1937) **(12)**.

Zu den schweren Führen auf den Hochvogel, der früher kaum das Interesse der Kletterer fand, gehören ferner Nordpfeiler (W. Wechs 1934), Südwand (Heimreich und Manz 1936), Südwestwand (Lanig und Blanz 1940), Nordostwand (W Wechs und Tröndle 1940), Nordwestschulter (Lanig und Dehm 1948), Westsüdwestgrat (Lanig und Dehm 1948), Südostwand und Ostnordostgrat.

Mit diesen Unternehmungen, deren Schwierigkeitsgrad zwischen 4 und 6 liegt, hat der Hochvogel seinen Platz gefunden in der neuzeitlichen Erschließungsgeschichte der Nördlichen Kalkalpen.

In den Weihnachtstagen 1945 fliegt eine viermotorige US-Transportmaschine gegen den Gipfelaufbau des Hochvogels, ohne dass es im Tale bemerkt wird. Niemand überlebt. Noch Jahre danach transportiert ein Alteisenhändler einen Sommer lang die Aluteile zu Tal.

In der Mitte des vergangen Jahrhunderts erfolgten am Hochvogel einige bemerkenswerte Winterunternehmungen.
So durchstiegen 1949 die Ulmer Georg Maier und Alfred Wieland in 10 Stunden die Hochvogel-Nordostwand (Route Wechs/ Groß). Am 1. und 2. Februar 1963 durchstiegen Karl Schott und Gefährte die Südflanke des Ostgrates mit einem Biwak bei der Schwabeckalpe und einer zweiten Freinacht knapp unterhalb des Gipfels. Vom 22. bis 24.2.1963 begingen Georg Maier & Hannes Niederberger den längsten Grat des Berges, den Ost- oder Fuchsengrat. Während sich die Wände der benachbarten Fuchskarspitze nach wie vor großer Beliebtheit erfreuen, hat sich die Kletter-szene gänzlich vom Hochvogel abgewandt. Manche Kletterrouten wurden seit Jahrzehnten nicht mehr wiederholt.
Zunehmend beliebt wurde der Hochvogel ab der Jahrtausendwende als Skiberg. Zwar eignet sich die stark dem Wind ausgesetzte Nordwestflanke nur selten für eine Skiabfahrt. Dennoch wird der Berg im Winter immer häufiger auf der Route Hinterhornbach, Weittal, Kaltwinkelscharte besteigen.
Auch von Ausdauersportlern hat der Hochvogel Besuch bekommen. So legten Konrad Mair und Bernd Urlaub die Strecke vom Giebelhaus bis zum Gipfel in nur 1. Std. und 28 min zurück.
In erster Linie ist und bleibt der Hochvogel aber ein Ziel erfahrener Wanderer.

7 HISTORISCHES

Quellennachweis (400 Jahre Hochvogelchronik)

(1) Politisch-historische Landesbeschreibung von Tirol. O. Stolz (1923).

(2) Zeitschrift des DAV. Jahrg. 1966. „Die Namen der Allgäuer Bergwelt mit Ausblicken auf die Nachbarschaft", Th. Steiner.

(3) TIROLS COMITATUS – Karte von der Grafschaft Tirol 1604/05 von W. Ygl. Ausschnitt aus der Festgabe zur Jahrhundertfeier des Österreichischen Alpenvereins (1962) v. Hans Kinzl.

(4) Karte 1: 25 000 der Allg. und Lechtaler Alpen. Ostblatt. Ausgabe 1966 des DAV und ÖAV

(5) Die Erschließung der Ostalpen. A. Richter/ Spiehler (1893)

(6) Selbstbiographie des Freiherrn Friedrich von Lupin (1893) Stadt-Bibliothek Memmingen.

(7) Die Erschließung der Ostalpen s. a. (5)

(8) Chronik des Lechtals von Anton Falger. Handschrift im Landes-Archiv Innsbruck.

(9) Die Allgäuer Alpen bei Oberstdorf und Sonthofen. Von Dr. Gross, Arzt in Oberstdorf, 1856

(10) Alpenschau. Von A. Steudel, 1864

(11) Aus den Nördlichen Kalkalpen. Hermann von Barth. 1874

(12) Festschrift zur Eröffnung des Prinz-Luitpold-Hauses 1937 Sektion Allgäu-Immenstadt des D. & Oe. A. V. 1899

(13) Festschrift der Sektion Allgäu-Immenstadt des D. & Oe. A. V. 1899

(14) Jahrbuch des DAV (AVZ) Jahrg. 1966 „Winterbergsteigen in den Allgäuer Alpen" Georg Maier.

(15) GEOGRAPHICIA SVEVIA (Schwaben in XXVIII übereintreffenden Tabellen) v. Joh. Christoph Hurter(n). Mit freundlicher Genehmigung aus der Stadtbibliothek Memmingen.

(17) Karte 1 : 25000 der Allgäuer und Lechtaler Alpen. Westblatt. Ausgabe 1963 des DAV und ÖAV

(18) Das Jahrbuch Kaiser Maximilian I. um 1500. Von Mich. Mayr, Innsbruck, 1901. Wagnersche Universitäts-Buchhandlung.

(19) Warmund Ygl und seine Karte von Tirol. Von L. Rangger, 1904, Verlag s. (18)

(20) Atlas Tyrolensis. 1774 von Peter Anich.

Impressum

Herausgeber	DAV Sektion Allgäu-Immenstadt e.V. Grüntenstr. 5 87527 Sonthofen Tel. 08321/26776 www.dav-allgaeu-immerstadt.de
Titelbild	Kristian Rath
Verlag	SL-Verlag Bahnhofstr. 46 A 87435 Kempten Tel. 0831/5127374 www.sl-verlag.de
Druck	Eberl GmbH Postfach 1164 87501 Immenstadt

1. Auflage 2006

ISBN	3-9810320-2-0
Gestaltung	Tobias Burger, Monika Eisenbarth Fuchsmühlstraße 39 87527 Sonthofen Tel.: 08321/607107 info@fotografie-burger.de www.burger-fotodesign.de

Bildnachweis

Alle Aufnahmen stammen von den Autoren, mit Ausnahme der Fotos folgender Seiten:

Seite 7,64	Wikipedia
Seite 19	Archiv LBV
Seite 59,171	Fotohaus Heimhuber
Seite 61	Matthias Hill
Seite 72	Klaus Kicherer
Seite 91,108	Rainer Vavra
Seite 103	Sascha Ziehe, LBV
Seite 133,174	Archiv DAV-Sektion Allgäu-Immenstadt
Seite 152,154	Wolfgang Mayr
Seite 183	Jürgen Stierle
Seite 195	Peter Ehry

Wir bedanken uns herzlich bei allen,
die uns bei der Erstellung dieses Buches behilflich waren.